AF094194

www.ingramcontent.com/pod-product-compliance
Lightning Source LLC
LaVergne TN
LVHW010408070526
838199LV00065B/5919
*9789358728934*

# مجروح سلطان پوری:
# فن اور شخصیت

وہاب اشرفی

© Wahab Ashrafi
**Majrooh Sultanpuri - *Funn aur Shakhsiat***
by: Wahab Ashrafi
Edition: August '2024
Publisher :
Taemeer Publications LLC (Michigan, USA / Hyderabad, India)

ISBN 978-93-5872-893-4

مصنف یا ناشر کی پیشگی اجازت کے بغیر اس کتاب کا کوئی بھی حصہ کسی بھی شکل میں بشمول ویب سائٹ پر اَپ لوڈنگ کے لیے استعمال نہ کیا جائے۔ نیز اس کتاب پر کسی بھی قسم کے تنازع کو نمٹانے کا اختیار صرف حیدرآباد (تلنگانہ) کی عدلیہ کو ہو گا۔

© وہاب اشرفی

| کتاب | : | مجروح سلطان پوری : فن اور شخصیت |
| --- | --- | --- |
| مصنف | : | وہاب اشرفی |
| صنف | : | غیر افسانوی نثر |
| ناشر | : | تعمیر پبلی کیشنز (حیدرآباد، انڈیا) |
| سالِ اشاعت | : | ۲۰۲۴ء |
| صفحات | : | ۹۴ |
| سرورق ڈیزائن | : | تعمیر ویب ڈیزائن |

# فہرست

| | | |
|---|---|---|
| (۱) | مجروح سلطان پوری: حالات زندگی | 7 |
| (۲) | مجروح اور ترقی پسندی | 20 |
| (۳) | مجروح: ترقی پسندی سے آگے | 38 |
| (۴) | مجروح اور ان کے نقاد | 54 |
| (۵) | مجروح اور فلمی شاعری | 61 |
| (۶) | انتخابِ کلام: غزلیں | 74 |
| (۷) | انتخابِ کلام: اشعار | 90 |

**مجروح سلطان پوری** (پیدائش: ۱۷/ جون ۱۹۲۰، وفات: ۲۴/ مئی ۲۰۰۰) اردو کے نامور شاعر و فلمی نغمہ نگار رہے ہیں۔ ان کی تاریخ پیدائش کے سلسلے میں ادبی دنیا میں اختلاف موجود ہے۔ عموماً یکم/ اکتوبر ان کی تاریخ پیدائش مانی جاتی ہے (انگریزی ویکیپیڈیا کے حوالے سے بھی)۔ مگر اردو کے مشہور محقق کالی داس گپتا رضا کی تحقیق کے مطابق مجروح سلطان پوری کی اصل تاریخ ولادت ۱۷/ جون ۱۹۲۰ ہے۔

مجروح ترقی پسند شاعروں میں نمایاں مقام رکھتے ہیں۔ ان کی شاعری کا سرمایہ قلیل ہے، پھر بھی وہ یکسر رد نہیں ہوئے بلکہ اردو غزل گوئی کی بعض روایتوں کے امین بن کر ابھرے۔ یوں بھی ہوا کہ ترقی پسندی کے تقاضوں کے پیش نظر ان کے کلام میں کچھ گھن گرج کی کیفیت ملتی ہے لیکن وہ دال میں نمک کے برابر ہے۔

مجروح نے زندگی کا ایک بڑا حصہ فلمی دنیا میں بسر کیا۔ اس طرح ان کی ساری تخلیقی قوت وہیں صرف ہوتی رہی۔ چونکہ مجروح غزل گوئی میں اپنے امتیازات سے ہٹنا نہیں چاہتے تھے اس لیے تخلیقی پر خود پر پابندی لگا رکھی تھی۔ لیکن تخلیقی قوت نے ایک دوسرا رخ اختیار کیا او وہ رخ تھا فلمی گیتوں کو ایک اعتبار دینا۔ اس میں وہ خاصے کامیاب بھی ہوئے۔

***

# مجروح سلطان پوری: حالات زندگی

مجروح سلطان پوری ترقی پسند شاعروں میں نمایاں مقام رکھتے ہیں۔ان کی شاعری کا سرمایہ قلیل ہے پھر بھی وہ یکسر رد نہیں ہوئے بلکہ اردو غزل گوئی کی بعض روایتوں کے امین بن کر ابھرے ہیں۔یوں بھی ہوا کہ ترقی پسندی کے تقاضوں کے پیش نظر ان کے کلام میں بھی کچھ گھن گرج کی کیفیت ملتی ہے لیکن وہ دال میں نمک کے برابر ہے۔میں یہاں مجروح کے کلام پر تبصرہ نہیں کرنا چاہتا۔آئندہ صفحات میں ان کی شاعری کے تمام رخوں کی کیفیت کا اندازہ لگایا جائے گا۔یہاں دیکھنا یہ ہے کہ مجروح کی زندگی کے احوال کیا رہے ہیں۔

مجروح سلطان پوری کی تاریخ پیدائش کا مسئلہ ہنوز طئے نہیں ہوا ہے۔اس سلسلے میں موصوف نے ڈاکٹر ضیاء الدین شکیب سے ملاقات کے دوران خود جو بیان دیا ہے وہ یہ ہے:

> "ایک دفعہ میں نے اپنی والدہ ماجدہ سے پوچھا کہ ہماری پیدائش کا دن آپ کو تو یاد ہوگا۔انہوں نے فرمایا کہ بیٹے اتنا یاد ہے کہ جمعرات کا دن تھا اس کے بعد رات ہوئی اور ساڑھے چار بجے تم پیدا ہوئے۔دوسرے دن جمعہ بھی تھا اور عید بھی۔"(۱)

مجروح کے انتقال کے فوراً بعد کالی داس گپتا رضا نے مجروح سے متعلق اپنے ایک مضمون میں لکھا:

---

(۱) "گلکاریٔ وحشت کا شاعر: مجروح" مرتبہ: خلیق انجم، صفحہ ۱۶۱

"ایک روز میں نے ان سے ان کی تاریخ ولادت دریافت کی کیوں کہ تذکرہ ماہ و سال مرتبہ: (مالک رام) میں درج تاریخ یکم جولائی ۱۹۱۵ء سے مجھے اتفاق نہ تھا۔ فرمایا کہ ۱۹۱۵ء تو غلط محض ہے مگر قرائن سے معلوم ہوتا ہے کہ ۱۹۱۹ء سال ولادت ہوگا۔ میں نے مزید ٹٹولا تو انہوں نے اپنی بڑی بہن کے حوالے سے مجھے کئی باتیں بتائیں۔ میں نے دو تین گھنٹوں کی مغز پچی کے بعد ان کی ہمشیرہ (جو عمر میں ان سے بڑی تھیں) کے دیئے ہوئے حوالوں کی مدد سے ان کی تاریخ ولادت متعین کردی جسے سن کر وہ بہت خوش ہوئے۔ ابھی حال ہی کے ایک انٹرویو میں انہوں نے یہی تاریخ ولادت بتائی تھی اور کہا تھا کہ اس کا تعین کالی داس گپتا رضا نے بڑی خوبی سے کیا ہے اور یہی صحیح ہے۔ تاریخ ولادت یہ ہے:

۱۷ رجون ۱۹۲۰ء جمعرات صبح چار بجے۔"(۱)

مجروح سلطان پوری کے انتقال کے بعد ان کے صاحبزادے نے انگریزی میں موصوف کا ایک خاکہ مرتب کیا ہے، جس کے مطابق ان کی پیدائش یکم اپریل 1919ء ہوتی ہے۔ خلیق انجم نے اپنی مرتبہ کتاب "گلکاری وحشت کا شاعر" میں ایک سوانحی خاکہ درج کیا ہے جس میں یہ کہا گیا ہے کہ مجروح نے خود خلیق انجم کو یہ بتایا تھا کہ ان کی پیدائش کا سال 1915ء یا 1916ء ہے۔ یہ بیان خلیق انجم صاحب کا ہے جس کی کوئی سند پیش نہیں کی گئی ہے۔ چونکہ مجروح نے ڈاکٹر ضیاء الدین شکیب کو جو بیان دیا تھا اس سے اور ان کے صاحبزادے کی تحریر سے بھی ان کی پیدائش کا سال 1919ء اور کالی داس گپتا رضا کے مطابق 1920ء برآمد ہوتا ہے اس لئے 1919ء یا 1920ء کو ہی ان کی پیدائش کا سال تسلیم کرنا چاہئے۔

مجروح اتر پردیش کے ضلع سلطان پور میں قصبہ کجوی میں پیدا ہوئے۔ یہ گاؤں

---

(۱) منفرد غزلگو: مجروح سلطانپوری، مطبوعہ 'آج کل' نئی دہلی اگست ۲۰۰۰ء

معروف نہیں ہے لیکن اب اس کی اہمیت یوں ہو جاتی ہے کہ یہ قصبہ مجروح کی جائے پیدائش ہے۔ مجروح کا پورا نام اسرار حسن خاں ہے۔ ان کے اسلاف راجپوت تھے چوں کہ یہ بیان خود مجروح کا ہے اس لئے یہ مان لینا چاہئے کہ مجروح نسلاً راجپوت تھے۔ مجروح کے والد محمد حسن خاں کے بارے میں خلیق انجم نے یہ اطلاع بہم پہنچائی ہے کہ وہ پولیس کے محکمے میں ملازم تھے۔ یہ بھی اطلاع ملتی ہے کہ ان کی مالی حالت معتدل سی تھی، نہ اچھی نہ بری۔ مجروح کے بیان کے مطابق تعلیم ان کی سات پشت میں نہ تھی، بہت ہوا تو کسی نے مڈل پاس کر لیا۔ مجروح کو ابتدا میں قصبہ ہی کے ایک مدرسہ میں داخل کرایا گیا، جہاں انہوں نے عربی، فارسی اور اردو کی تعلیم کی ابتدا کی۔ درس نظامیہ کے طریق کار سے ان کی تعلیم ہو رہی تھی کہ انہوں نے بیچ میں ہی یہ سلسلہ ترک کر دیا۔ وجہ یہ بتائی جاتی ہے کہ کسی معاملے میں ان کے استاد ان سے خفا ہو گئے اور ان کی پٹائی کر دی۔ نتیجے میں مجروح بالکل دل برداشتہ ہو گئے اور اس حد تک کہ پڑھائی ہی ترک کر دی۔ وہ مزید دو سال رہ جاتے تو نظامیہ کا کورس مکمل کر لیتے لیکن ایسا ممکن نہ ہو سکا۔ مجروح مدرسے سے الگ ہو گئے۔ یہ پتہ نہیں چلتا کہ موصوف کی آگے کی تعلیم کس حد تک ہوئی لیکن یہ طئے ہے کہ 1933ء میں مجروح طبیہ کالج میں طب کی تعلیم کے لئے داخل ہوئے۔ یہ اندازہ ہوتا ہے کہ مجروح نے طب کی تعلیم مکمل کی تھی اور اپنے وقت کے ایک ذہین طالب علم ثابت ہوئے تھے، خصوصاً طبابت کے معاملے میں۔ اس سلسلے میں خلیق انجم کا بیان ہے کہ طالب علمی ہی کے زمانے میں انہوں نے طب میں ایسی مہارت حاصل کر لی تھی کہ جھوئی ٹولے کے بڑے طبیب شفاالمسلمین حکیم عبدالمعید جب کسی علاج کے سلسلے میں باہر تشریف لے جاتے تو مجروح کو اپنی کرسی پر بٹھا کر جاتے۔ خلیق انجم نے یہ بات کہاں سے اخذ کی ہے اس کی کوئی تفصیل نہیں بتاتے لیکن مجروح جس طرح بعد میں اس فن میں اپنی ذہانت کا پتہ دیتے رہے ہیں اس لئے اسے یقین کر لینے میں کوئی مضائقہ نہیں معلوم ہوتا۔ اب تفصیلات کی بات اور ہے۔

مرزا سلیم بیگ نے مجروح سلطانپوری سے ایک انٹرویو لیا تھا جو "مجروح سلطانپوری: مقام اور کلام" (مرتبہ: ڈاکٹر محمد فیروز) میں شائع ہوا ہے۔ ایک سوال کے جواب

میں مجروح کہتے ہیں کہ انہیں بچپن میں 'بابو' کہا جاتا تھا اور یہی لفظ بچوں کے لئے اعظم گڑھ میں جاری تھا۔ ان کے والد پولس سب انسپکٹر تھے ان کی والدہ گاؤں کی تھیں۔ اعلیٰ تعلیم کی کوئی روایت خاندان میں نہیں تھی۔ بس مڈل تک تعلیم کا ریکارڈ تھا۔ چونکہ عام طور سے لوگ سپہ گری سے تعلق رکھتے تھے اس لئے تعلیم کو معیوب سمجھا جاتا تھا۔ ان کی تعلیم کی ابتدا کے وقت خلافت کی تحریک شروع ہو چکی تھی اور انگریزی کپڑے وغیرہ جلائے جا رہے تھے۔ ویسے میں انہیں انگریزی تعلیم دلانے کا سوال کہاں تھا۔ ہاں انہیں مولوی بنانا مقصود تھا لیکن مجروح کا اپنا بیان ہے کہ میں مولوی ہوتے ہوتے بچ گیا شکر ہے خدا کا۔ انہوں نے ابتدائی کتابیں جو پڑھی تھیں وہ "اسباق النحو" "اسباق الصرف" تھیں اور استاد مولوی مصطفیٰ تھے۔ میرٹھ میں فارسی شروع کی تھی۔ ٹانڈہ میں ان کی بہن کی شادی ہوئی تھی چنانچہ اس جگہ کے مدرسے سے وابستگی کی وجہ یہی تھی۔ ابتدا میں عربی کتابیں جو پڑھیں ان میں "ہدایہ" اور "مقامات حریری" اہم ہیں۔

بہر طور! مجروح 1938ء میں باضابطہ طبیب ہو گئے اور انہیں یہ سند حاصل ہو گئی۔ پھر انہوں نے ٹانڈہ میں اپنا مطب قائم کیا۔ خلیق انجم کے خاکے میں ان کے ابتدائی عشق کے بارے میں چند جملے ملتے ہیں پہلے ان جملوں کو دیکھئے :

> "مجروح نے خود مجھے مسکراتے ہوئے بتایا تھا کہ ٹانڈا میں ایک بہت خوبصورت لڑکی سے ان کو عشق ہو گیا تھا۔ جس کا بعض لوگوں کو علم ہو گیا اس لئے وہ لڑکی کی رسوائی کے ڈر سے ٹانڈا چھوڑ کر سلطان پور آ گئے۔"(۱)

یہ پورا بیان ان کی شرافت کی دلیل بھی ہے کہ عشق میں محض لڑکی کی رسوائی کے خوف سے مطب بند کر کے سلطان پور چلا آنا اہم بات ہے۔ یوں بھی عشق اور محبت کا تقاضہ یہ ہوتا ہے کہ عاشق اپنے اڈے پر جما رہے نہ کہ کسی کی رسوائی کے خوف سے وہ علاقہ ہی چھوڑ

(۱) "گلکاری وحشت کا شاعر : مجروح" مرتبہ : خلیق انجم، صفحہ ۱۲

دے۔ ہو سکتا ہے کہ عشق کا چرچہ ایسا ہوا ہو کہ مجروح کی حیثیت بھی بری طرح زد میں آرہی ہو، جو اس زمانے کے معیار شرافت کے منافی ہو تو ممکن ہے مجروح نے ایسا کچھ کیا ہو۔ میر تقی میر کے ساتھ کچھ ایسا ہی واقعہ پیش آیا تھا۔

"چراغ" کے مجروح نمبر میں یہ اطلاع بہم پہنچائی گئی ہے کہ مجروح لکھنو کے ایک میوزک کالج سے بھی وابستہ ہوئے تھے جہاں انہوں نے موسیقی کی باضابطہ تعلیم شروع کی تھی لیکن ان کے والدان کی افتاد طبع سے ناخوش ہوئے نتیجے کے طور پر انہیں یہ سلسلہ بند کرنا پڑا۔

مجروح نے غالبًا 1935ء یا 1936ء سے شاعری شروع کی تھی۔ میں "گلکاریء وحشت کا شاعر" ہی سے اس باب میں ایک اقتباس نقل کرتا ہوں جو اصلاً رسالہ "چراغ" سے مستعار ہے:

> "مجروح کی طبیعت کو شاعری سے لگاؤ اور کافی مناسبت تھی۔ سلطان پور میں ہی پہلی غزل کہی اور وہیں کے ایک آل انڈیا مشاعرے میں سنائی۔ اس مشاعرے میں مولانا آسی الدنی شریک تھے۔ انہوں نے اپنی ایک غزل مولانا کی خدمت میں بغرض اصلاح روانہ کی، مولانا نے مجروح کے خیالات کو باقی رکھنے اور کسی صحیح مشورے کے بجائے ان کے اشعار ہی سرے سے کاٹ دیئے اور اپنے اشعار لکھ دیئے۔ مجروح نے مولانا کو لکھا کہ مقصد اصلاح یہ ہے کہ اگر قواعد یا زبان یا بحر کی کوئی لغزش ہو تو آپ مجھے اس طرف متوجہ کریں، یہ نہیں کہ اپنے اشعار کا اضافہ کر دیں۔ مولانا نے جواب دیا کہ اس قسم کی اصلاح کے لئے میرے پاس وقت نہیں، چنانچہ یہ سلسلہ بند ہو گیا۔"(۱)

عین ممکن ہے کہ ایسا ہی ہوا ہو اس لئے کہ بعض اساتذہ اتنی تیزی سے شعر کہتے تھے کہ اصلاح دینا اور نئے شعر لکھنا دونوں ہی ان کے لئے آسان ہوتا تھا۔ خصوصاً اس وقت جب

---

(۱) "گلکاریء وحشت کا شاعر: مجروح" مرتبہ: خلیق انجم، صفحہ ۱۲

کوئی شعر استاد کے مزاج کے مطابق نہ ہو اور وہ اس کی جگہ سرے سے نیا شعر تخلیق کرنے پر قادر ہو۔ مجروح کی طبیعت حساس تھی اور بہت حساس تھی ایسے میں اصلاح کا یہ طریقہ انہیں پسند نہ آیا ہوگا۔ عبدالقوی دسنوی نے مولانا آسی سے مجروح کے استادی اور شاگردی کے رشتے کا ذکر کرتے ہوئے اپنے مضمون "ایک منفرد غزل گو" میں لکھا ہے :

> " مجروح سلطان پوری نے آسی مرحوم کو پہلا استاد قرار دیا اور یکے بعد دیگرے دو غزلیں ان کی اصلاح کے لئے پیش کیں ......استاد نے استادانہ انداز دکھائے، الفاظ بدل دئے، خیالات تبدیل کر دئے۔ چنانچہ اشعار تو بن سنور گئے لیکن اس نوجوان شاعر کو کچھ جھٹکا لگا۔ اپنا اعتماد بکھرتا ہوا دکھائی دیا، اس لئے وہ استادی اور شاگردی کے اس رشتے سے بدک گئے جس میں اپنی پہچان باقی نہ رہے۔ پھر اپنی خوبیوں، خامیوں کے ساتھ اپنی ڈگر پر تن تنہا چل پڑے۔ اچھا برا جو کچھ کہتے اسی کو اپنی شاعری کا سرمایہ تصور کرتے اور خوب سے خوب تر کی جستجو میں حذف و اصلاح بھی کرتے جاتے۔ مجروح کی زندگی کا یہ پہلا لیکن نہایت اہم فیصلہ تھا۔"(۱)

مجروح زبان و بیان پر خاصی قدرت رکھتے تھے جس کا اندازہ ہر شخص کو ہے۔ شعری سج دھج اور رکھ رکھاؤ نیز زبان پر جیسی قدرت انہیں حاصل تھی اس کا اندازہ ان کے اشعار سے لگایا جا سکتا ہے۔ کہا جا سکتا ہے کہ فطری طور پر ان کے یہاں شاعری کا ایک ایسا ملکہ تھا جو اشعار کے نوک پلک درست کرنے میں معاون بنتا تھا۔ چودھری محمد نعیم مجروح کی تعلیم طب وغیرہ کے بارے میں یوں رقم طراز ہیں :

---

(۱) "مجروح سلطانپوری : مقام و کلام" مرتبہ : ڈاکٹر محمد فیروز، صفحہ ۱٦٦

"اسرار الحسن خاں، مجروح سلطان پوری کی پیدائش 1919ء میں ہوئی۔ عربی اور فارسی کی اعلیٰ تعلیم کے بعد انہوں نے طب پڑھی اور انیس برس کی عمر میں طبابت کی سند حاصل کی۔ اس کے بعد کم از کم ایک سال مطب بھی کیا۔ 1939ء میں دوسری جنگ عظیم شروع ہوتی ہے۔ یہی زمانہ ہے جب مجروح کی شاعری کا آغاز ہوتا ہے اور بہت ہی کم عرصے میں وہ مشاعروں کے بہت ہی مقبول شاعر ہو جاتے ہیں۔ 1942ء میں ہندوستان کی جنگ آزادی ایک نیا رخ لیتی ہے اور تشدد اور دہشت انگیزی کے ہتھیار استعمال کئے جاتے ہیں۔ 1943ء میں بنگال میں قحط پڑتا ہے جس کی ذمہ داری فطرت پر نہیں بلکہ انگریزی حکومت اور ہندوستانی منافع خوروں پر عائد ہوتی ہے۔ 1945ء میں جنگ عظیم ختم ہوتی ہے، لیکن ایٹمی ہتھیاروں کے استعمال کے بعد دنیا ایک ایسے خطرے سے دوچار ہوتی ہے جس کا سدباب ابھی تک نہیں ہو پایا ہے۔ 1946ء سے فرقہ وارانہ فسادات شروع ہو جاتے ہیں۔ 1947ء میں اور بھی بھیانک خوں ریزی کے ساتھ ملک کی تقسیم عمل میں آتی ہے۔ 1948ء میں مزدور اور کسان تحریکوں میں نیا جوش پیدا ہوتا ہے جس کو دونوں نئے ملکوں کی جمہوری حکومتیں خطرناک سمجھتی ہیں۔ رفتہ رفتہ اس صورت حال کے اثرات اردو کے ادیبوں پر بھی نافذ ہوتے ہیں۔ پاکستان میں راولپنڈی سازش کیس کا نام دے کر اور ہندوستان میں بغیر کوئی خاص نام دئے شاعر اور ادیب جیل میں بند کئے جاتے ہیں۔ چنانچہ 1951ء میں مجروح بھی ایک سال کے لئے داخل زنداں ہوتے ہیں۔"(۱)

ایسا محسوس ہوتا ہے کہ جن شخصیات سے مجروح بہت متاثر تھے ان میں

---

(۱)" مجروح سلطانپوری: مقام وکلام، مرتبہ: ڈاکٹر محمد فیروز، صفحہ ۵۲۔۱۵۲

پروفیسر رشید احمد صدیقی خاصے نمایاں ہیں۔ موصوف نے 1943ء میں انہیں علی گڑھ بلایا تھا جہاں باضابطہ طور پر مجروح ان کے گھر پر رہے، ان کے ماحول کے اثرات قبول کئے اور ان کے ذاتی کتب خانے سے فیض اٹھایا۔ میرے خیال میں جو شائستگی و آراستگی مجروح کی شخصیت کا حصہ رہی ہے وہ پروفیسر رشید احمد صدیقی کے اثرات کا نتیجہ ہے۔ میں نے ذاتی طور پر بھی یہ محسوس کیا ہے کہ مجروح کے اندر حد درجہ شائستگی تھی اور ایک ایسا رکھ رکھاؤ تھا کہ میں جب بھی ان سے ملا ایک خاص کیف کا احساس ہوا۔

اکثر لوگوں کو اس کی خبر ہے کہ مجروح، جگر مراد آبادی سے بھی خاصے قریب اور متاثر رہے تھے۔ مولانا آسی کے بعد ان کی شاعری کے استادوں میں جن کا نام آتا ہے وہ جگر ہی ہیں جنہوں نے ان کے شاعرانہ کیف و کم کو ایک شکل دینے میں خاصہ اہم رول انجام دیا تھا۔ مجروح کی ذہنی و فنی تربیت میں ان کا بھی ہاتھ رہا تھا۔ مجروح خود اس امر پر بار بار اظہار کرتے تھے اور جگر کی شفقتوں اور عنایتوں کے سلسلے میں رطب اللسان رہتے تھے۔ بہر حال! رشید احمد صدیقی سے ملاقات کا واقعہ ندیم صدیقی + رفیع نیازی کے انٹرویو میں ملتا ہے۔ وہیں سے ایک اقتباس دیکھئے:

> "کچھ دنوں بعد کچھ دوستوں کے ساتھ علی گڑھ جانے کا اتفاق ہوا جہاں رشید احمد صدیقی صاحب سے ملاقات کے لئے گیا تو جواب ملا کہ مصروف ہیں ملاقات ممکن نہیں۔ بہر حال میں نے ایک رقعہ لکھا۔ ملاقات کا اور کوئی مقصد نہ تھا۔ آپ لوگوں سے ملنا ایک سعادت ہے اور وہ سعادت حاصل کرنے حاضر ہوا تھا۔ بہر حال جارہا ہوں۔ ابھی میں دروازے تک ہی پہنچا تھا کہ ایک آدمی بھاگتا ہوا آیا اور کہنے لگا کہ آپ کو بلایا جارہا ہے۔ میں نے رشید احمد صدیقی سے ملاقات کی اور اپنا کلام سنایا۔ انہوں نے مطالعے کے سلسلے میں دریافت کیا۔ میں نے جواب میں کہا۔ "مطالعہ تو کچھ بھی نہیں بس درس نظامیہ میں عربی فارسی اور کچھ

شعرا کا کلام جو درس کے طور پر پڑھایا گیا ہے۔ انہوں نے کہا مطالعہ تو بہت ضروری ہے۔ میں نے کہا جناب سلطان پور میں تو مطالعے کی کوئی شکل نہیں ہے۔ وہ تھوڑی دیر چپ رہے اور پھر کہا "آپ علی گڑھ آجایئے" میں نے کہا "غریب آدمی ہوں علی گڑھ کس طرح آؤں؟ میں تو میٹرک پاس بھی نہیں ہوں۔ "انہوں نے شفقت آمیز لہجے میں کہا "آپ میرے یہاں آجایئے۔ "اس طرح مجھے رشید صاحب کے یہاں تین سال قیام کا موقع ملا۔ رشید صاحب کے گھر آنے والوں میں جذبی، ڈاکٹر ذاکر حسین، مولانا حسرت موہانی، شیخ الجامعہ مجیب صاحب، ڈاکٹر عابد تھے جو اکثر میرا کلام سنتے تھے۔ اس وقت تک میں مشاعروں میں چھا چکا تھا۔ میں نے سوچا کہ یہ مشاعروں وغیرہ کی داد بے معنی ہے، پس میرے ذہن میں خیال آیا جو بھی کہوں دل کی گہرائیوں سے کہوں اس سے قطع نظر کہ وہ اشعار لوگوں پر کیا تاثرات چھوڑتے ہیں اور لوگ اس پر داد دیتے ہیں یا نہیں۔ "(۱)

مجروح نے زندگی کا ایک بڑا حصہ فلمی دنیا میں بسر کیا۔ ان کا سنجیدہ شعری کلام بہت مختصر ہے۔ اس کی وجہ بھی یہی بتائی جاتی ہے کہ چونکہ موصوف فلموں سے ہی زیادہ دلچسپی لیتے رہے اس لئے ساری تخلیقی قوت وہیں صرف ہوتی رہی۔ چونکہ موصوف غزل گوئی میں اپنے امتیازات سے ہٹنا نہیں چاہتے تھے اس لئے تخلیقی سطح پر خود پر ایک پابندی لگا رکھی تھی۔ لیکن تخلیقی قوت نے ایک دوسرا رخ اختیار کیا اور وہ رخ تھا فلمی گیتوں کو ایک اعتبار دینا۔ اس میں وہ خاصے کامیاب بھی ہوئے۔

---

(۱) "مجروح سلطانپوری: مقام اور کلام" مرتبہ: ڈاکٹر محمد فیروز، صفحہ ۸۶۔۲۸۵

ابتدا میں جن شعرا سے وہ متاثر ہوئے وہ ان کے بیان کے مطابق مجاز، جاں نثار اختر، جگر، اصغر گونڈوی اور جوش تھے۔ لیکن مجروح جگر کے بارے میں خصوصیت سے یہ بتاتے ہیں کہ انہوں نے جونپور کے مشاعرے میں مجروح کو سنا تو اپنے پاس بلایا اور کہا کہ تمہارے یہاں انفرادیت ہے اسے گنوانا نہیں چاہئے۔ انہوں نے انہیں اپنے پاس بھی رہنے کی دعوت دی جس پر ان کا اپنا تاثر ان کے الفاظ میں یہ ہے کہ ظاہر ہے اندھا کیا چاہے دو آنکھیں۔ لیکن جگر سے کبھی انہوں نے اصلاح نہیں لی۔

کہیں کہیں ان کے بعض جملے سے ان کے مزاج کی کیفیت کا بھی اندازہ ہوتا ہے کہ اپنی شاعری خصوصاً غزل کے بارے میں وہ کیسی رائے رکھتے تھے۔ ان سے پوچھا گیا کہ فراق کے بعد آپ غزل گو شعرا میں کس کو اہمیت دیتے ہیں تو مجروح کا جواب تھا۔ "غزل گو شعرا میں مجھے معاف کیجئے، میں اپنے علاوہ کسی کو نہیں سمجھتا (پاکستان کی بات نہیں کر رہا وہاں فیض بیٹھے ہوئے ہیں)" پھر ایک سوال کہ جاں نثار اختر کی شاعری آپ کو کیسی لگتی ہے ؟جواب ہے جاں نثار اختر کی غزل کو میں دوسرے درجے کی بہت اچھی غزل کہتا ہوں۔ دوسرا درجہ جب میں کہہ رہا ہوں تو میرے نزدیک انتہائی اونچی سطح مراد ہے۔ میرا سب سے بڑا اعتراض یہ ہے کہ وہ جو کہنا چاہتے ہیں کہہ جاتے ہیں آپ جو سمجھنا چاہتے ہیں سمجھ جاتے ہیں، کچھ بچتا نہیں۔ بہر طور! ان کے مزاج کے بارے میں بھی ایک سوال کیا گیا۔ وہ یہ تھا کہ آپ کی یہ شہرت کہ آپ سے کوئی ملنا چاہے تو آپ ملتے نہیں، آپ ایک مغرور انسان ہیں، آپ شاعری میں کسی کو اپنا حریف نہیں سمجھتے۔ ایک اور سوال تھا آج کل ایک محدود حلقے میں سہی مگر یہ بات بار بار سننے میں آرہی ہے کہ آپ فیض کو اپنے سے بڑا شاعر نہیں مانتے۔ ان کا جواب تھا وہی لوگ انہیں مغرور سمجھتے ہیں جنہیں انہیں قریب سے دیکھنے کا موقع نہیں ملا ہے۔ اور فیض کے سلسلے کے جواب میں ان کے اپنے الفاظ ہیں :

> "فیض مجھ سے تو کیا بہتوں سے بڑے شاعر ہیں۔ میں نے تو صرف اتنا کہا ہے اور کہوں گا کہ ۱۹۴۵ء تک ہندوستان میں فیض سے کوئی ترقی پسند غزل نہیں پہنچی تھی بلکہ شاید انہوں نے

کبھی بھی نہ ہو۔ اس وقت میں تنہا شخص تھا جس نے یہاں پر غزل دشمنی کے دکھ سہے۔ اس لئے غزل اور صرف غزل کی حد تک میں فیضؔ کو پیش رو اور اپنے سے بڑا تسلیم نہیں کرتا۔ مگر اس کا مطلب یہ بھی نہیں کہ میں غزل میں انہیں اپنے سے چھوٹا کہنے کی جرات کر رہا ہوں۔ میں تو فیضؔ، علی سردار جعفری، مجازؔ، جذبیؔ، مخدومؔ ان سب کو اپنا پیش رو مانتا ہوں۔ ان میں سے ایک نہیں ہے جس سے بڑا میں اپنے آپ کو سمجھتا ہوں۔ اگر مجھ میں تھوڑی سی بھی تہذیب ہے تو میں یہ بات کیسے کہہ سکتا ہوں۔"(۱)

مجروحؔ اور فیضؔ کی غزل کے مرتبے کے سلسلے میں جہاں شاعری سے بحث کروں گا تفصیلی طور پر اپنا جائزہ پیش کروں گا۔ فی الحال اس مسئلے کو یہیں چھوڑتا ہوں۔

مجروحؔ سلطانپوری نے اپنے خاندان کے افراد کے بارے میں کوئی تفصیلی بات کہیں نہیں لکھی اور اپنے اجداد کے نام تک رقم نہیں کئے۔ اب یہ کام ریسرچ اسکالروں کا ہے کہ اس کی طرف توجہ کریں اور ان کے خاندانی سلسلے کے اہم لوگوں کی تفصیلات تلاش کریں۔ ان کی اہلیہ کے بارے میں نیز دوسرے ذاتی امور پر محترمہ قرۃ العین حیدر کی ایک تفصیلی رائے درج ملتی ہے، جسے میں یہاں قلمبند کر رہا ہوں:

"مجھے مجروحؔ صاحب کا وہ زمانہ دھندلا سا یاد ہے جب وہ میرے چچا سید نثار حیدر زیدی کے یہاں مقیم تھے۔ چچا جان ہونہار شاعروں کی ہمت افزائی کرتے تھے۔ اسی زمانے میں ترقی پسند تحریک اپنے عروج پر تھی اور مجروحؔ صاحب بھی اسی نوجوان نسل سے تعلق رکھتے تھے۔ وہ غالباً آزادی سے قبل ہی ممبئی چلے گئے تھے جہاں وہ ترقی پسند شعرا کی صف اول میں شامل ہوئے۔ اسی زمانے سے انہوں نے فلموں کے لئے نغمہ نگاری

---

(۱) "مجروح سلطانپوری: مقام اور کلام" مرتبہ: ڈاکٹر محمد فیروز، صفحہ ۲۹۴

شروع کی۔ اسی وقت سے ساحر اور مجروح نے فلمی گانوں کا معیار اتنا بلند کر دیا کہ ان کے بہت سے گیتوں کو ادبی اہمیت حاصل ہوئی۔ ہمارے ہندوستانی سنیما کو ہندی فلم کہا جاتا ہے لیکن ان کی بے پناہ مقبولیت کی ایک وجہ ان کے اردو مکالمے اور اردو نغمے ہی ہیں جو شکیل بدایونی، نقش لائل پوری، کیفی اعظمی، علی سردار جعفری، ساحر لدھیانوی اور مجروح سلطانپوری نے لکھے۔ آپ دنیا کے کسی گوشے میں چلے جایئے جہاں ہندوستانی آباد ہیں وہاں آپ کو دور دراز کی پہاڑیوں اور گاؤں اور شہروں میں لتا کی آواز میں گائے ہوئے مجروح کے نغمے سنائی دیں گے۔ آج کی سائنس اور ٹکنالوجی کے ترقی یافتہ دور سے قبل کسی شاعر یا نغمہ نگار کو ایسی عالمگیر شہرت حاصل ہونی ممکن نہیں تھی۔ ممبئی میں ایک طویل عرصہ گزارنے کے باوجود مجروح صاحب نے اودھ کے کلچر کو اپنے گھر میں زندہ رکھا تھا۔ وہ ایک نہایت مہذب اور وضع دار انسان تھے۔ مجروح صاحب سے ممبئی کی محفلوں میں اکثر ملاقات ہوتی تھی اور وہ بہت ہی شفقت سے ملتے تھے۔ ان کی بیگم فردوس بھی ایک بڑی خلیق اور ملنسار خاتون ہیں۔ میں شاعروں اور ادیبوں کی ناؤ نوش کی محفلوں میں جانے سے احتراز کرتی ہوں لیکن مجروح صاحب کے یہاں میں کئی بار گئی کہ ان کے یہاں کا رکھ رکھاؤ قابل تعریف تھا۔ ان سے آخری ملاقات دہلی میں ہوئی جب میں نے انہیں اور چند دوستوں کو اپنے یہاں مدعو کیا۔ اس میں اردو داں امریکن خاتون بھی شامل تھیں۔ انہوں نے حکمت پڑھی تھی اور عربی فارسی تو گویا ان کی گھٹی میں پڑی تھی۔ لیکن ممبئی میں انہوں نے خود انگریزی پڑھنی

خود انگریزی پڑھنی شروع کی اور انگریزی بولنے میں بھی مہارت
حاصل کرلی۔ ان کی وفات کی خبر سن کر مجھے یہ شعر یاد آرہا ہے ؎

جو بادہ کش تھے پرانے وہ اٹھتے جاتے ہیں
سحر قریب ہے اللہ کا نام لے ساقی۔" (۱)

مجروح سلطانپوری کو ان کی شعری وادبی خدمات کے سلسلے میں غالب ایوارڈ، امتیاز میر، یوپی اردو اکادمی کے انعامات کے علاوہ اردو کا اعلیٰ ترین ایوارڈ "اقبال سمان" دیا گیا جو ان کی شعری وادبی خدمات کا کھلا اعتراف ہے۔ انہیں فلم کا بھی سب سے بڑا انعام دادا صاحب پھالکے ایوارڈ ملا۔ یہ ایوارڈ اس بات کا ثبوت ہے کہ مجروح نے فلمی گیتوں اور نغموں کو بھی ایک اعلیٰ معیار عطا کیا ہے۔

مجروح پھیپھڑوں کی تکلیف میں ایک عرصہ سے مبتلا تھے جب یہ تکلیف حد سے سوا ہوئی تو انہیں ممبئی کے لیلاوتی اسپتال میں داخل کرلیا گیا جہاں ۲۴/ ۲۵ مئی ۲۰۰۰ء کی درمیانی شب میں ان کا انتقال ہوگیا۔ ۲۵/ مئی کو ساڑھے گیارہ بجے سانتا کروز ویسٹ کے قبرستان میں تدفین ہوئی۔

☆☆

---

(۱) "گلکاری وحشت کا شاعر: مجروح" مرتبہ: خلیق انجم، صفحہ ۶۸۔۳۶۷

# مجروح اور ترقی پسندی

مجروح سلطانپوری ایک ترقی پسند شاعر کی حیثیت سے مشہور ہیں۔ یوں تو ان کی غزلوں میں وہ شدت نہیں جو عام طور سے ترقی پسندوں کے یہاں ملتی ہے پھر بھی اس کا اظہار بار بار کیا جاتا ہے ان کی شاعری کی عقبی زمین ترقی پسند تحریک سے نہ صرف متاثر رہی ہے بلکہ ذہنی طور پر ہمیشہ وہ اس سے قریب رہے ہیں۔

ہم سبھوں کو معلوم ہے کہ ترقی پسند تحریک جنگ آزادی کا بھی ایک حصہ تھی اور وہ ایک عام بیداری کا زمانہ تھا جب ہندوستان آزادی کی جدوجہد میں کئی قدم آگے بڑھا چکا تھا، ہمارے اہم رہنما کھل کر سامنے آچکے تھے اور ۲۲-۱۹۲۱ء تک آزادی کی جدوجہد ایک خاص کروٹ لینے کی طرف مائل تھی۔ سجاد ظہیر ترقی پسند تحریک کے روح رواں تھے ان کا خیال تھا کہ ادیبوں کو وطن کی آزادی کی جدوجہد میں حصہ لینا چاہئے اور عوام کی حالت کو سدھارنے کی تحریکوں سے وابستہ ہونا چاہئے۔ ان کا یہ بھی خیال تھا کہ ادیبوں کو بھی کوشش کرنی چاہئے کہ وہ حتی المقدور اپنی صلاحیتوں کے مطابق آزادی کے حصول میں معاون ثابت ہوتے رہیں۔ انہوں نے یہ بھی واضح کیا تھا کہ یہ لازمی نہیں کہ ادیب سیاسی کارکن بھی ہو لیکن سیاست سے اس کا تعلق بہر حال ہونا چاہئے۔ سجاد ظہیر اس بات پر زور دیتے رہے تھے کہ وہ دانستہ ترقی پسند ادبی تحریک کا رشتہ ملک کی آزادی اور جمہوریت سے جوڑنا چاہتے ہیں۔ ترقی پسند دانشور، مزدور، کسان، غریب اور مظلوم عوام سے ملتے رہیں، ان کے جلسے جلوس میں بھی جائیں، انہیں اپنے جلسوں میں بھی بلائیں۔ چنانچہ دس اپریل ۱۹۳۶ء کو ترقی پسند مصنفین کی پہلی کانفرنس لکھنو میں منعقد ہوئی۔ اس کانفرنس میں پریم چند کے علاوہ مولانا حسرت موہانی

جے پر کاش نرائن، یوسف مہر علی، کملا دیوی چٹوپادھیائے، میاں افتخار الدین، اندو لال یاجنگ اور جتیندر کمار جیسے نام شامل ہیں۔ اس میں ایک منشور بھی پیش ہوا، جسے تیار کرنے والوں میں ڈاکٹر عبد العلیم، سجاد ظہیر اور محمود الظفر تھے۔ ایک اعلان نامہ بھی مرتب کیا گیا جس میں چار نکات تھے :

(۱) ہندوستان کے ترقی پسند مصنفین کی امداد سے مشورتی جلسے منعقد کر کے اور لٹریچر شائع کر کے اپنے مقاصد کی تبلیغ کرنا۔

(۲) ترقی پزیر مضامین لکھنے اور ترجمہ کرنے والوں کی حوصلہ افزائی کرنا اور رجعت پسند رجحانات کے خلاف جدو جہد کر کے اہل ملک کی آزادی کی کوشش کرنا۔

(۳) ترقی پسند مصنفین کی مدد کرنا۔

(۴) آزادیء رائے اور آزادیء خیال کی حفاظت کی کوشش کرنا۔

کانفرنس کے صدر پریم چند نے جو خطبہ دیا تھا وہ بھی ادب کا رخ موڑنے کے لئے کافی تھا۔ اس خطبے کی اہمیت آج بھی محسوس کی جاتی ہے۔ جگہ جگہ سے دو چار اقتباسات ملاحظہ کیجئے :

"حضرات! یہ جلسہ ہمارے ادب کی تاریخ میں ایک یادگار واقعہ ہے۔ ہمارے سبھاؤں اور انجمنوں میں اب تک عام طور پر زبان اور اس کی اشاعت سے بحث کی جاتی رہی ہے۔ یہاں تک کہ اردو اور ہندی کا جو لٹریچر موجود ہے اس کا منشا خیالات اور جذبات پر اثر ڈالنا نہیں بلکہ محض زبان کی تعمیر تھا۔ وہ بھی نہایت اہم کام تھا۔ جب تک زبان ایک مستقل صورت نہ اختیار کر لے اس میں خیالات و جذبات ادا کرنے کی طاقت ہی کہاں سے آئے۔ ہماری زبان کے بانیوں نے ہندوستانی زبان کی تعمیر کر کے قوم پر جو احسان کیا ہے، اس کے لئے ہم ان کے مشکور نہ ہوں تو یہ ہماری احسان فراموشی ہو گی لیکن زبان ذریعہ ہے، منزل نہیں۔ اب

ہماری زبان نے وہ حیثیت اختیار کر لی ہے کہ ہم زبان سے گزر کر اس کے معنی کی طرف بھی متوجہ ہوں اور اس پر غور کریں کہ جس منشا سے یہ تعمیر شروع کی گئی تھی وہ کیوں کر پورا ہو۔ وہی زبان جس میں ابتدا باغ و بہار اور بے تال پچیسی کی تصنیف ہی معراج کمال تھی، اب اس قابل ہو گئی ہے کہ علم و حکمت کے مسائل بھی ادا کرے اور یہ جلسہ اس حقیقت کا کھلا ہوا اعتراف ہے.............سوال یہ ہے کہ حسن کیا شئے ہے؟ بظاہر یہ ایک مہمل سا سوال معلوم ہوتا ہے کیوں کہ حسن کے متعلق ہمیں کسی قسم کا شبہ نہیں ہے۔ ہم نے آفتاب کا طلوع و غروب دیکھا ہے، شفق کی سرخی دیکھی ہے، خوشنما اور خوشبودار پھول دیکھے ہیں، خوشنوا چڑیاں دیکھی ہیں، نغمہ خواں ندیاں دیکھی ہیں، ناچتے ہوئے آبشار دیکھے ہیں۔ ان نظاروں میں ہماری روح کیوں کھل اٹھتی ہے؟ اس لئے کہ ان میں رنگ یا آواز کی ہم آہنگی ہے، سازوں کی ہم آہنگی ہے، سنگیت دلکشی کا باعث ہے۔ ہماری ترکیب ہی عناصر کے توازن سے ہوتی ہے اور ہماری روح ہمیشہ اسی توازن اور ہم آہنگی کی تلاش کرتی ہے۔ ادب آرٹس کے روحانی توازن کی ظاہری صورت ہے اور ہم آہنگی حسن کی تخلیق کرتی ہے.............ہمیں حسن کا معیار تبدیل کرنا ہوگا۔ ابھی تک اس کا معیار امیرانہ اور عیش پرورانہ تھا۔ ہمارا آرٹسٹ امرا کے دامن سے وابستہ رہنا چاہتا تھا۔ انہیں کی قدر دانی پر اس کی ہستی قائم تھی اور انہیں کی خوشیوں اور رنجوں، حسرتوں اور تمناؤں، چشمکوں اور رقابتوں کی تشریح و تفسیر آرٹ کا مقصد تھا۔ اس کی نگاہیں محل سراؤں

اور بنگلوں کی طرف اٹھتی تھیں۔ جھونپڑے اور کھنڈر اس کے التفات کے قابل نہ تھے۔ انہیں وہ انسانیت کے دائرے سے خارج سمجھتا تھا۔ اگر کبھی وہ ان کا ذکر کرتا بھی تھا تو مضحکہ اڑانے کے لئے۔ اس کی دہقانی وضع اور معاشرت پر چلنے کے لئے اس کا شین قاف درست ہونا یا محاوروں کا غلط استعمال ظرافت کا ازلی سامان تھا۔ وہ بھی انسان ہے، اس میں بھی آرزوئیں ہیں، یہ آرٹسٹ کے ذہن سے بعید تھا............اس کی نگاہ ابھی اتنی وسیع نہیں ہوئی ہے کہ وہ کشمکش حیات میں حسن کی معراج دیکھے۔ فاقہ اور عریانی میں بھی حسن کا وجود ہو سکتا ہے، اسے وہ شاید تسلیم نہیں کرتا۔ اس کے لئے حسن حسین عورت میں ہے غریب بے حسن عورت میں نہیں جو بچے کو کھیت کی مینڈ پر سلائے پسینہ بہارہی ہے.....................ہماری انجمن نے کچھ اس طرح کے اصولوں کے ساتھ میدان عمل میں قدم رکھا ہے وہ ادب کو خمریات اور شبابیات کا دست نگر نہیں دیکھنا چاہتی۔ وہ ادب کو سعی اور عمل کا پیغام اور ترانہ بنانے کی مدعی ہے۔ اسے زبان سے بحث نہیں.....................ترقی پسند مصنفین کا عنوان میرے خیال میں ناقص ہے۔ ادیب یا آرٹسٹ طبعاً اور خلقاً ترقی پسند ہوتا ہے اگر یہ اس کی فطرت نہ ہوتی تو شاید یہ ادیب نہ ہوتا وہ آئیڈیلسٹ ہوتا ہے۔ اسے اپنے اندر بھی ایک کمی محسوس ہوتی ہے اور باہر بھی۔ اس کمی کو پورا کرنے کے لئے اس کی روح بے قرار رہتی ہے .....................بہر حال! جب تک ادب کا کام تفریح کا سامان پیدا کرنا، محض لوریاں گا گا کر سلانا، محض آنسو

بہا کر غم غلط کرتا تھا اس وقت تک ادیب کے لئے عمل کی ضرورت نہ تھی۔ وہ دیوانہ تھا جس کا غم دوسرے کھاتے تھے۔ مگر ہم ادب کو محض تفریح اور تعیش کی چیز نہیں سمجھتے۔ ہماری کسوٹی پر وہ ادب کھرا اترے گا جس میں تفکر ہو، آزادی کا جذبہ ہو، حسن کا جوہر ہو، تعمیر کی روح ہو، زندگی کی حقیقتوں کی روشنی ہو جو ہم میں حرکت اور ہنگامہ اور بے چینی پیدا کرے، سلائے نہیں کیوں کہ اور زیادہ سونا موت کی علامت ہوگی۔"(۱)

اس کے بعد حسرت موہانی نے ایک موثر تقریر کی اور یہ اشتراکیت کی حمایت میں تھی عام طور سے اس تحریک کا خیر مقدم کیا گیا۔ الہ آباد میں ترقی پسند ادیبوں کی کانفرنس ۱۹۳۷ء میں ہوئی جس میں عبدالحق نے خطبہ دیا۔ الہ آباد میں ہی دوسری کانفرنس ہوئی جس میں جواہر لال نہرو کی تقریر ہوئی، ٹیگور کا پیغام سامنے آیا، دلی اور ہری پورہ میں اجلاس ہوئے۔ پھر باضابطہ دوسری کل ہند کانفرنس ۱۹۳۸ء میں کلکتے میں ہوئی جس میں ترقی پسند ادب کی ترویج واشاعت کے پہلو زیر بحث آئے اس کے ساتھ ساتھ لکھنو سے ۱۹۳۹ء میں "نیا ادب" کا اجرا ہوا جس کی ادارت میں سبط حسن، علی سردار جعفری اور مجاز تھے۔ اس میں ادیبوں کو یہ روشنی دی گئی:

"ہمارے نزدیک ترقی پسند وہ ہے جو زندگی کی حقیقتوں پر نظر رکھے، ان کا پرتو ہو، ان کی چھان بین کرتا ہو اور ایک نئی اور بہتر زندگی کا راہبر ہو لیکن وہ صرف زندگی کی ہلچل اور ہیجان کا ہی نقیب اور نبض شناس نہیں ہوتا۔ وہ صرف سطح پر کروٹیں لینے والی موجوں ہی کے ساتھ نہیں بہتا بلکہ زندگی کی گہرائیوں میں جاکر ان

---

(۱) "اردو میں ترقی پسند ادبی تحریک"، خلیل الرحمن اعظمی، (پریم چند کی صدارتی تقریر)

خاموش اور میٹھے دھاروں سے سیراب ہوتا ہے جو سطح سے نیچے بہتے رہتے ہیں۔"(۱)

دلچسپ بات یہ ہے کہ اس میں اکبر، جوش، جگر اور فانی کے کلام بھی شائع ہوئے اور دوسرے شمارے میں عصمت چغتائی کا افسانہ " گیندا" سامنے آیا۔ کچھ دنوں کے بعد جوش ملیح آبادی نے اپنا رسالہ "کلیم" جو دہلی سے نکلتا تھا، بند کر دیا اور وہ بھی "نیا ادب" کے ادارے میں شامل ہو گئے۔ اسی زمانے میں ترقی پسند شاعر مجاز نے اخبارات میں بیان شائع کرایا اور اس موضوع پر ایک نظم " آہنگ نو" لکھی۔ ۴۴-۱۹۴۳ء میں جب بنگال میں قحط پڑا تو ترقی پسند تحریک سے وابستہ شعرا اور ادیب اس سے بہت متاثر ہوئے اور ایک خاص انداز کی شاعری اور افسانے قلمبند کیے، جو آج بھی مشہور ہیں مثلاً کرشن چندر کا "ان داتا" اختر الایمان کی نظم "ایک سوال" وامق جونپوری کا گیت "بھوکا ہے بنگال" وغیرہ۔ اس طرح مسلسل کانفرنسیں اور ادبا کی تحریک زور پکڑتی رہی یہاں تک کہ بھمڑی کانفرنس میں ترقی پسند مصنفین کا نیا منشور سامنے آیا۔ اس میں یہ جملے تھے :

"کوئی ادب اس وقت تک عظیم نہیں ہو سکتا اور عوام کی توجہ کو اپنی طرف مبذول نہیں کرا سکتا جب تک اس کا ایک اعلیٰ سماجی مقصد نہ ہو۔ ترقی پسند ادب عظیم انسانی آدرشوں سے کسب نور کرے گا جیسے امن، محبت، قوموں میں دوستانہ تعلقات پیدا کرنے کی خواہش، انسان دوستی جو جنگ اور انسانی لوٹ کھسوٹ کی مخالفت کرتی ہے ادب کا یہ عظیم اخلاقی مقصد مطالبہ کرتا ہے کہ تمام ادیب اپنی تحریروں میں سنجیدگی اختیار کریں، ان میں تاثر پیدا کریں، انہیں مقبول اور خوبصورت بنائیں تاکہ ہماری جنتا ان سے محبت کر سکے، ان سے جوش حاصل کر سکے اور ان پر فخر کر سکے۔ عوامی ادب اور کلچر کا مستقبل ترقی پسند ادیبوں کے

(۱) حوالہ "اردو میں ترقی پسند ادبی تحریک"، خلیل الرحمٰن اعظمی

ہاتھ میں ہے۔ یہ ثابت کرنا ان کا فرض ہے کہ مستقبل معتبر ہاتھوں میں ہے۔"(۱)

۱۹۵۳ء میں ایک اور کانفرنس ہوئی، جس میں اس منشور پر نظر ثانی کی گئی لیکن اب تک تحریک میں انتشار و اختلال پیدا ہو چکا تھا اور ترقی پسند روش سے بدگمانی کا آغاز ہو چکا تھا۔ خلیل الرحمٰن اعظمی کے مطابق :

"۱۹۵۳ء کی کانفرنس کے بعد ترقی پسند تحریک انتشار و اختلال سے نکلی تو تنظیمی تعطل میں مبتلا ہو گئی۔ انتشار کے دور میں انتہا پسند ادیبوں نے جس ذہنیت کا مظاہرہ کیا تھا اس کی بنا پر بہت سے ادیب ان سے بد ظن ہو گئے تھے اور یہ بدگمانی اتنی بڑھ گئی تھی کہ ان پر اعتماد باقی نہ رہا۔ انجمن کے نئے سکریٹری کرشن چندر نے تنظیم میں کوئی دلچسپی نہیں لی اور اس دور میں تیزی سے سنسنی خیز ناول اور افسانے لکھ کر مشہور فلمی رسالہ "شمع" میں چھپوانے لگے تھے اور ان کی حیثیت آہستہ آہستہ ایک تجارتی ادیب کی سی ہوتی جا رہی تھی۔ "دست صبا" کی مقبولیت کے بعد اب شاہراہ گروپ کے شعراء بین الاقوامی اور عالمی مسائل کی نظمیں چھوڑ کر غزل گوئی کی طرف لوٹ آئے۔ ترقی پسند تحریک کے رہنماؤں نے اب "سرخ سویرا" اور "نیلا پرچم" کا کیا ذکر جو اپنے تھے وہ بھی کیڑے نکالنے لگے۔ نتیجہ ہوا کہ آہستہ آہستہ ہر شہر میں تنظیمیں ختم ہونے لگیں اور مختلف رجحان کے ادیبوں نے اپنی علحدہ علحدہ ٹولیاں بنالیں۔"(۲)

ساتھ ساتھ سجاد ظہیر کا یہ بیان غور طلب ہے جو اس نظریاتی اختلاف کے سلسلے میں بہت کچھ روشنی دیتا ہے :

---

(۱) بحوالہ "اردو میں ترقی پسند ادبی تحریک"، خلیل الرحمٰن اعظمی

(۲) "اردو میں ترقی پسند ادبی تحریک"، خلیل الرحمٰن اعظمی

"پہلے میری رائے یہ تھی کہ انجمن کو دوبارہ منظم کرنا چاہئے۔ مرکز اور شاخوں میں ربط پیدا کر کے اسے با عمل بنانا چاہئے لیکن اب میں اس رائے پر قائم نہیں ہوں، اس کو بدلنے کے لئے تیار ہوں۔ اس وقت ہمارے سامنے ایسے مسائل ہیں جو نظریاتی اختلافات کے باوجود سب کے لئے ایک ہی اہمیت رکھتے ہیں۔ سیاسی پارٹیوں اور ادیبوں کے اختلافات کے باوجود ہم سب کے سامنے نئے ہندوستان کی تعمیر و ترقی کا مسئلہ ہے۔ ہمیں اپنے وطن کی تہذیب اور ادب کی تعمیر کرنی ہے۔ نئے انسان کی شخصیت کی تعمیر میں جو رکاوٹیں حائل ہوں ان کو دور کرنے کے لئے مل کر جد و جہد کرنی ہے۔ آج ہندوستان کی نئی تعمیر جمہوریت اور اشتراکیت کی بنیادوں پر ہو رہی ہے جس پر عظیم اکثریت کو اتفاق ہے۔ اس نظام کو قائم کرنے کے لئے سارا ہندوستان کوشاں ہے۔ ترقی پسند مصنفین کی بنیاد یہ تھی کہ ہم آزادی حاصل کریں اور انگریز سامراج کو ہندوستان سے باہر نکالنے کی جد و جہد میں ادبی جنگ کریں۔ آج ہمارے پاس متحد ہونے کے لئے دوسری بنیاد اتحاد موجود ہے۔ ان بنیادوں پر آج تمام لکھنے والوں کو متحد کیا جا سکتا ہے۔

ہماری تنظیم کوئی سیاسی تنظیم نہیں ہوگی۔ ہمارا مقصد ادب کے ذریعہ اپنے خیالات کی ترویج ہے۔ ادیبوں میں خیالات کے اعتبار سے اختلاف ہو سکتا ہے اور ضروری ہے اور یہ اختلاف ایک تنظیم کے اندر رہ کر بھی پیدا ہو سکتے ہیں اور ان میں کوئی مضائقہ نہیں بشرطیکہ ان کا اظہار جمہوری طریقے سے ہو۔ ہم کو اپنے اختلافات کم کرنے ہیں اور مشترکہ باتوں کو لے کر آگے بڑھنا ہے۔"(۱)

(۱) "اردو میں ترقی پسند ادبی تحریک"، خلیل الرحمٰن اعظمی

یہی وہ پس منظر ہے جس میں مجروحؔ سلطان پوری کا ذہن مرتب ہوا ہے لیکن یہ بات بھی دلچسپ ہے کہ ترقی پسندی سے سو فی صدی ذہنی ہم آہنگی کے باوجود شاعرانہ لحاظ سے وہ اپنی اکثر غزلوں میں ایک ایسی احتیاط کا پہلو سامنے رکھتے ہیں جو بعد میں ان کی شاعرانہ عظمت کا باعث ہوئی۔ سوال یہ ہے کہ آخر اس کی وجہ کیا ہے وہ ایک طرف تو ترقی پسندی کے ساتھ ہیں اور دوسری طرف بہت حد تک اس کی بد احتیاطیوں سے الگ تھلگ ہیں۔ مجھے احساس ہوتا ہے کہ وہ ذہنی طور پر اس بات کے ساتھ ہیں جہاں مساوات، بھائی چارگی، امن، صلح جوئی وغیرہ ایسے عناصر ہیں جو انسانیت کی عظمت کے نشانات کہے جا سکتے ہیں۔ چنانچہ ایک طرف تو وہ انسانیت کی اعلیٰ قدروں کے علمبردار نظر آتے ہیں تو دوسری طرف فن کو ایک خاص سطح پر رکھنا چاہتے ہیں یعنی فن اگر عوام کے لئے ہو تو بھی اسے جمالیاتی سطح پر بلند ہونا چاہئے۔ مجھے احساس ہوتا ہے کہ ان کے کلام کا معتدبہ حصہ ایسی ہی فکر کا نتیجہ ہے ورنہ ان کے کلام میں وہ روایتی سج دھج نہ ہوتی، وہ کلاسیکی انداز نہ ہوتا، وہ شاعرانہ اوصاف نہ ہوتے جو انہیں بہ حیثیت شاعر ایک خاص مقام دیتے ہیں۔ ضرورت اس بات کی ہے کہ مجروح کی شاعری جہاں ان کی ترقی پسندی کے سبب پست ہوئی اس کی نشاندہی کی جائے، ساتھ ساتھ ایسی وابستگی کے باوجود اہمیت کی حامل ہے اس پر بھی روشنی ڈالی جائے۔ ان پہلوؤں پر غور کرنے کے لئے اگلے صفحات استعمال کئے جائیں گے۔

میں نے پچھلے صفحات میں اس کا اظہار کیا ہے کہ مجروحؔ ایک ترقی پسند شاعر کی حیثیت سے مشہور ہوئے لیکن ترقی پسندی جس طرح شاعری کے ساتھ عمومی لحاظ سے برتاؤ کرنا چاہتی تھی اس سے بہت حد تک وہ دور رہے۔ پہلی وجہ تو یہ تھی کہ وہ بنیادی طور پر غزل کے شاعر تھے اور غزل کا اپنا ایک مزاج تھا، اس کے مزاج میں غایت درجہ کی نازکی کا احساس ہوتا ہے۔ فارسی شاعری اور اردو کی کلاسیکی شاعری کے مطالعے نے مجروحؔ پر یہ عیاں کر دیا تھا کہ غزل کی نزاکت و نفاست شور و غوغا میں قائم نہیں رہ سکتی۔ لہٰذا وہ عام ہمدردی کے شاعر ہونے کے باوجود اور انسانیت کا پرچم لہرانے کے باوجود، مزدوروں، کسانوں کو اپنے گیت سنانے کے باوجود بہت حد تک غزل کو نعرہ بازی سے بچانے کی سعی کرتے رہے اور جہاں کہیں

وہ غوغائی مرحلے سے گزرے وہ ترقی پسندی کی لے تیز کرنے کے سلسلے میں شاید ایک کوشش رہی تھی۔ یہ کوشش واقعتاً مستحسن نہیں تھی۔ چند مثالیں ایسی دی جا سکتی ہیں جہاں وہ اپنے منصب سے گرے ہیں لیکن یہ مثالیں چند ہی ہیں۔ ایسے اشعار پیش کئے جائیں گے لیکن ذرا ٹھہر کے۔

مجروحؔ سلطان پوری چونکہ غزل کے شاعر تھے اس لئے عمومی طریقے پر اس اسکول کے بنیاد گزاروں کی نظر میں اتنے احترام کے قابل نہیں تھے اس لئے کہ غزل کی تنگ دامانی تحریک کی بہت سی باتوں کو اپنے دامن میں نہیں سمیٹ سکتی تھی۔ پھر غزل لکھنا اس دور میں گھاٹے کا سودا تھا یہ اور بات ہے کہ فیضؔ ہوں کہ سردارؔ جعفری دونوں ہی غزل کہتے رہے تھے۔ کچھ دوسرے شاعر مجاز، جاں نثار اخترؔ وغیرہ بھی غزلیں کہہ رہے تھے لیکن فضا ایسی تھی جہاں نظم پر بہت زیادہ زور تھا اور عام خیال یہ تھا کہ نظم نگاری کے بغیر کوئی شاعر پنپ نہیں سکتا۔ ایسے میں غزل سے وابستہ رہنا بڑے حوصلے کا کام تھا۔ غزل سے وابستگی کے معنی یہ ہوئے کہ اسے مرکزی حیثیت دینا اور نظموں کی طرف راغب نہ ہونا۔ مجروحؔ سلطان پوری بس یہی زمین چاہے کتنی ہی محدود کیوں نہ ہو اپنی تخلیقی قوت کے لئے استعمال کرتے رہے۔ کسی دوسری صنف کی طرف رجوع کرنا انہوں نے ضروری نہیں سمجھا، استثنائی صورتوں کی بات الگ ہے۔ اتنا ہی نہیں وہ غزل کی مدافعت بھی کرتے رہے جس کا اظہار انہوں نے خود اپنے ایک انٹرویو میں کیا ہے۔ متعلقہ باتیں اتنی اہم ہیں کہ انہیں پیش کرنا ضروری معلوم ہوتا ہے تاکہ ان کا موقف جو غزل کے بارے میں تھا وہ واضح ہو جائے :

> "میری اچھی غزلوں میں ابتدائی غزلیں زیادہ تر علی گڑھ کے زمانے کی ہیں۔ ۱۹۴۵ء میں بمبئی کے ایک مشاعرے میں آنے کا اتفاق ہوا۔ کاردار صاحب نے میرا کلام سنا۔ ان دنوں وہ "شاہجہاں" بنا رہے تھے۔ انہوں نے ملازم رکھ لیا اور اس طرح میں بمبئی کا ہو کر رہ گیا اور اس کے بعد میں ۱۹۴۵ء میں ترقی پسند مصنفین میں شامل ہو گیا۔ اس زمانے میں کیمونسٹ تحریک زوروں پر تھی چنانچہ میں کیمونسٹ

تحریک سے بھی وابستہ ہو گیا اور اس طرح میں نے جہد و عمل کی بات غزل میں اس وقت شروع کی جب ترقی پسند تحریک سے وابستہ ہونے کی وجہ سے، جگر صاحب کے چہیتے ہونے کی حیثیت سے، پورے گروپ میں معتوب بارگاہ ٹھہرے کہ یہ تو ترقی پسندوں میں شامل ہو گیا۔ اور ترقی پسندوں کا یہ رویہ رہا کہ یہ غزل گو ہے، غزل زندگی کا ساتھ نہیں دے سکتی۔ کسی نے کلیم الدین احمد کا مقولہ دہرادیا اور کسی نے بوڑھی نائیکہ کہا۔ اس وقت ہم جس پلیٹ فارم پر آئے وہاں ہمیں شاعر تصور نہیں کیا جاتا تھا کیوں کہ ہم نے غزل کی صنف اپنائی تھی اور جب غزل شاعری نہیں تو ہم بھی شاعر نہیں۔ مگر میری نظر میں غالب کا یہ شعر تھا۔

بس کہ ہوں غالب اسیری میں بھی آتش زیر پا
موئے آتش دیدہ ہے حلقہ مری زنجیر کا

اور میری نظر میں میر کا یہ شعر۔

ہاتھ جھنجھلا کے نہ دامن پہ ترے مارتے ہم
اپنے جامے میں اگر آج گریباں ہوتا

پھر مجاز کا یہ شعر۔

کچھ تجھ کو خبر ہے ہم کیا کیا اے شورش دوراں بھول گئے
اوروں کا گریباں یاد رہا خود اپنا گریباں بھول گئے

اور یہ آتش کا۔

سفر ہے شرط مسافر نواز بہتیرے
ہزار ہا شجر سایہ دار راہ میں ہے

بتائیے اب اس میں کون سا حسن ہے، کون سا عشق ہے؟ مگر کوئی کہہ دے کہ یہ غزل کا شعر نہیں۔ غزل کا شعر ہے اور اعلیٰ درجے کا شعر ہے۔ میں اپنے آپ سے یہ کہتا کہ جب یہ اشعار غزل کے ہیں تو آخر

کیا وجہ ہے کہ میں نہیں کہہ سکتا جب کہ اس قسم کے اشعار کہے جا چکے ہیں۔ چنانچہ مجھے ضد ہو گئی کہ میں تو کہوں گا۔ ہاں اس میں کہیں کہیں ضرور ہوا کہ میں بالکل Direct ہو گیا، بلکہ اپنے گاؤں کی زبان میں کہوں گا کہ الار ہو گیا اور جو لوگ Anti Progressive تھے انہوں نے اسی کو بہانہ بنا کر میری خوب کھنچائی کی۔ میرے اچھے شعروں کو شعر ہی نہیں کہا۔ میرے بارے میں تیس پینتیس سالہ شاعری پر کوئی مضمون آیا تو وہ پہلا مضمون ڈاکٹر محمد حسن نے "عصری ادب" میں لکھا ہے۔ جس میں مجھے میری طرح پیش کیا ہے۔ ورنہ ہوتا کیا تھا کہ جب بڑے غزل گو شعرا کا نام آتا تھا تو کوئی بھی نقاد (ہندوپاکستان) میرا نام ضرور لیتا تھا جیسے فیض، فراق، مجروح، علی سردار جعفری۔ لیکن مجھ پر کسی نے لکھا نہیں۔ یہ ایک روایت سی بن گئی۔"(۱)

اس اقتباس پر مزید تبصرے کی اس لئے ضرورت نہیں کہ ان پر آگے بہت کچھ لکھا جا چکا ہے۔

مجروحؔ کی غزل کے عمومی تیور کی طرف واپس آیئے تو محسوس ہوگا کہ موصوف کی شاعری میں ایک طرح کا طنطنہ ملتا ہے۔ یہ طنطنہ زیادہ تر اپنے سلسلے میں یا اپنی شاعری کے باب میں ہے جو جلد ہی محسوس کر لیا جا سکتا ہے۔ ان کے یہاں متعدد اشعار ایسے ہیں جن میں یہ احساس سمویا گیا ہے کہ وہ اپنی ایک الگ روش رکھتے ہیں، ان کی انفرادیت نمایاں ہے یا یہ کہ سبھوں سے مختلف ہیں یا یہ کہ ان کا رنگ قطعی الگ ہے یا یہ کہ ان کے یہاں جو بانکپن ہے کسی دوسرے کے یہاں نہیں ہے۔ گویا ایک ایسا طنطنہ ہے جو خود ان کی زبان سے ہے اور اپنے بارے میں ہے۔ یہ کتنا حق بجانب ہے یہ بات آگے آئے گی اور اس پر محاکمہ پیش کیا جائے گا۔ پہلے اشعار دیکھئے۔

---

(۱)" مجروح سلطانپوری: مقام اور کلام" مرتبہ: ڈاکٹر محمد فیروز، صفحہ ۸۷-۲۸۶

شمع بھی اجالا بھی میں ہی اپنی محفل کا
میں ہی اپنی منزل کا راہبر بھی راہی بھی
گنبدوں سے پلٹی ہے اپنی ہی صدا مجروحؔ
مسجدوں میں کی میں نے جا کے داد خواہی بھی

میں اکیلا ہی چلا تھا جانب منزل مگر
لوگ ساتھ آتے گئے اور کارواں بنتا گیا
دہر میں مجروحؔ کوئی جاوداں مضموں کہاں
میں جسے چھوتا گیا وہ جاوداں بنتا گیا

ہم روایات کے منکر نہیں لیکن مجروحؔ
سب کی اور سب سے جدا اپنی ڈگر ہے کہ نہیں

سر پر ہوائے ظلم چلے سو جتن کے ساتھ
اپنی کلاہ کج ہے اسی بانکپن کے ساتھ

ہجوم دہر میں بدلی نہ ہم سے وضع خرام
گری کلاہ، ہم اپنے ہی بانکپن میں رہے

مجروحؔ اپنی محفل کی شمع بھی ہیں اور اجالا بھی، اپنی راہ اور منزل کے راہبر بھی ہیں اور راہی بھی۔ اگر گنبد سے ان کی صدا پلٹتی بھی ہے تو وہ انہیں کی صدا ہوتی ہے کسی اور کی نہیں۔ ان کی منزل جو بھی ہو وہ اس منزل کی طرف اکیلے رواں دواں تھے یہ اور بات ہے کہ لوگ رفتہ رفتہ اس میں شریک ہوئے اور کارواں بنتا چلا گیا۔ پھر یہ بھی کہ دہر میں کوئی مضموں ایسا نہیں جسے جاودانی حاصل ہو لیکن مجروحؔ اگر اسے چھو دیں تو پھر اسے جاوداں ہونا یقینی ہے۔ وہ روایات

سے انکار نہیں کرتے لیکن ان کی اپنی ڈگر سب سے الگ ہے۔ چاہے ان پر جتنے بھی ظلم ہوں لیکن ان کی کلاہ تو کج ہے جس کے بانکپن میں کوئی فرق نہیں آیا۔ ان کی وضع خرام کبھی نہیں بدلتی چاہے وہ ہجوم ہی میں ہوں۔ اگر ان کی کلاہ گری بھی تو اس میں بانکپن بہر حال باقی ہے۔

یہ وہ خیالات ہیں جن سے اندازہ ہوتا ہے کہ مجروحؔ اپنے آپ کو کس طرح دیکھنا چاہتے تھے اور خود ان کی اپنی انفرادیت ان پر کس حد تک عیاں اور روشن تھی۔ اس کی توجیہہ کیا ہو سکتی ہے؟ اس کی کیا نفسیات ہے؟ کیا واقعی ایسا ہے، اگر ایسا ہے بھی تو خود انہیں اس کی ضرورت کیا پڑی کہ وہ بار بار اس پر اصرار کریں کہ ان کی راہ الگ ہے، ان کی ڈگر الگ ہے، ان کی منزل بھی الگ ہے۔ تو ان تمام معاملات کی سائکی بس یہ سمجھ میں آتی ہے کہ انہیں ہمیشہ یہ احساس رہا کہ وہ غزل کے شاعر ہیں چونکہ دوسرے ترقی پسند شعرا نظموں سے وابستہ رہ کر کے شاعری کے کینوس کو اپنے طور پر وسیع تر کرنے میں منہمک تھے ایسے میں غزل سے مجروحؔ کی وابستگی انہیں اپنی انفرادیت پر زور دینے پر اصرار کرتی رہی۔ یہ ایک سائکی تھی جو ایسے طنطنے کے بیان کی طرف انہیں مائل کرتی رہی جن میں غرور کا پہلو بھی ہے لیکن یہ غرور دراصل زخمی غرور ہے جس میں احساس کمتری کے بھی نکتے تلاش کئے جا سکتے ہیں کبھی کبھی احساس کمتری بڑبول کی طرف مائل کر دیتا ہے۔ نتیجے میں شخصیت ابھر جاتی ہے اور ایسا محسوس ہوتا ہے کہ اس کا اصلی رنگ یہی ہے۔ سبھی جانتے ہیں کہ مجروحؔ ایک نفیس آدمی کا نام تھا جس کے یہاں سلیقہ اور آداب دونوں ہی رچے بسے تھے ایسے میں ایسی تمکنت کے کیا معنی؟ تو دراصل وہ اپنا دفاع کرنا چاہتے تھے۔ اور جو کمی تھی اسے پر کرنے کا واحد ذریعہ یہ تھا کہ غزل کو نہ صرف وہ مرکزی حیثیت دیں بلکہ اس کے حوالے سے اپنی شناخت کرواتے رہیں۔ لیکن اس طنطنے نے ایک نقصان بھی پہنچایا اور وہ بہت بڑا نقصان ہے یعنی یہ کہ وہ اپنے کلام میں اضافہ نہ کر سکے۔ ان کے پاس جو سرمایہ ہے وہ حد درجہ محدود ہے۔ ساری زندگی شعر کہنے کے باوجود ان کی غزلوں کی تعداد نصف صد سے آگے نہیں بڑھتی۔ بھلا بتائیے ایک شاعر جو بچپن سے آخر عمر تک شعر کہتا رہا ہو اس کا سرمایہ اس درجہ قلیل ہو۔ غالبؔ نے تو اپنے کلام کا عطر پیش کر دیا تھا لیکن ایسا نہ تھا

کہ ان کا خزانہ کم تھا۔ بہر حال "دیوان غالب" کے بعد شاید مجروحؔ کی "غزل" دوسرا مجموعہ ہے جس کے اکثر و بیشتر اشعار قلت تعداد کے باوجود ذہن و دماغ میں سمائے رہتے ہیں۔ وارث کرمانی نے لکھا ہے:

"غالب کے بعد اگر اردو کی پوری غنائی شاعری کے صرف ایک ہزار شعروں کا انتخاب کیا جائے جس میں حالی، داغ، اقبال اور نہ جانے کتنے بلند اقبال شاعر نظر آجائیں گے تو اس انتخاب میں مجروح سلطان پوری کا کوئی شعر ضرور آجائے گا اور اگر بیسویں صدی میں پیدا ہونے والے تمام شاعروں کے کلام سے سو بہترین غزلیں منتخب کی جائیں تو اس میں مجروح کی کئی غزلیں آجائیں گی اور پھر سب سے اہم بات یہ ہے کہ اگر ایسے اشعار کو یکجا کیا جائے جو اس وقت باذوق لوگوں کی زبان پر چڑھے ہوئے ہیں تو ان میں مجروح کے شعروں کی تعداد اپنے معاصرین میں سب سے زیادہ ہوگی۔"

آخری جملہ کہ "اگر ایسے اشعار کو یکجا کیا جائے جو اس وقت باذوق لوگوں کی زبان پر چڑھے ہوئے ہیں تو ان میں مجروح کے شعروں کی تعداد اپنے معاصرین میں سب سے زیادہ ہوگی" شاید درست نہیں اسلئے کہ فیض کی غزلوں کے شعر ہی نہیں پوری کی پوری غزلیں لوگوں کو ازبر ہیں پھر فراق ایک ایسے شاعر ہیں جن کے بہت سے اشعار گلی کوچے کے لوگ وقتاً فوقتاً سناتے نظر آتے ہیں۔ حد تو یہ ہے کہ کئی شعر مجروح کے ایسے ہیں جو فیض کی مقبولیت کی وجہ سے فیض سے منسوب کئے جاتے ہیں۔ مثلاً

ستون دار پہ رکھتے چلو سروں کے چراغ
جہاں تلک یہ ستم کی سیاہ رات چلے

دیکھ زنداں سے پرے رنگ چمن، جوش بہار
رقص کرنا ہے تو پھر پاؤں کی زنجیر نہ دیکھ

خود مجروح کو اس بات سے بڑی اذیت ہوتی تھی کہ ان کے بعض شعر فیض کے کھاتے میں ڈال دئے جاتے ہیں۔ اس بنیاد پر یہ بھی کہا جاتا ہے کہ مجروح فیض سے متاثر تھے اور کہیں کہیں ان کے ڈکشن کو اس طرح اپنا لیا تھا کہ ایسا محسوس ہوتا تھا واقعتاً وہ کلام فیض ہی کا ہے۔ لیکن ایسا کہنے والے یہ بھول جاتے ہیں کہ موضوع کی یکسانیت تو تمام ترقی پسندوں میں مشترک رہی ہے ایسے میں موضوع کی بنیاد پر کوئی فیصلہ کرنا درست نہ ہوگا۔ ہاں یہ ضرور ہے کہ لہجے کی انفرادیت میں کچھ خاص لفظوں کے برتاؤ سے رنگ کی شناخت ہو سکتی ہے۔ کہیں کہیں اس کا اندازہ ہوتا ہے کہ ان کے یہاں فیض کا بھی آہنگ ہے۔ حیرت انگیز طور پر یہ شکایت سردار جعفری کو بھی تھی۔ جعفری صاحب نے خود مجھ سے کہا تھا کہ بعض لفظ جو وہ استعمال کرتے ہیں لوگ یہ کہتے ہیں کہ فیض کے اثرات کے تحت استعمال کئے گئے ہیں۔ حالانکہ خود ان کے قول کے مطابق فیض سے بہت پہلے وہ ان الفاظ کا استعمال کر چکے تھے ۔ پھر وہ اس کی مثالیں پیش کرتے۔ گویا سردار اور مجروح دونوں ہی کسی نہ کسی طور فیض کا حوالہ دیتے رہے ہیں کہ خواہ مخواہ یا زبردستی ان کے اثرات ان کے یہاں تلاش کئے جاتے ہیں۔

بہر طور! یہ تو ایک ضمنی بات ہوئی اب دیکھنا یہ ہے کہ یہ طنطنے کے اشعار بطور شاعری کیسے ہیں۔ مجھے یہ لکھنے میں ذرا بھی باک نہیں کہ طنطنے کے شعر بھی شاعرانہ وصف سے مملو ہیں، نفس مضموں پر نہ جایئے اظہار بیان کی ندرت کو ملحوظ رکھئے تو یہ اندازہ ہوگا کہ مجروح واقعی غزل کے ایک ایسے اہم شاعر ہیں جن کا لہجہ پہچانا جاتا ہے اور جن کی کلاسیکی سج دھج انہیں مجروح نہیں کرتی بلکہ ان کی آواز کو زیادہ موثر، شیریں اور تابناک بنا کر پیش کرتی ہے، تجزیے کی ضرورت نہیں۔ مفہوم بیان کرنے کی بھی ضرورت نہیں۔ متعلقہ شعر بطور شعر اتنے اہم بن گئے ہیں کہ ذہنوں میں رچ بس گئے ہیں۔ ایسے میں اس شور و غوغا کی مثالیں دیکھئے جو ان کے یہاں در آئی ہیں، پھر کیا صورت ابھری ہے۔

اب زمین گائے گی ہل کے ساز پر نغمے
وادیوں میں ناچیں گے ہر طرف ترانے سے

اہل دل اگائیں گے خاک سے مہ و انجم
اب گہر سبک ہو گا جو کے ایک دانے سے
منچلے بُنیں گے اب رنگ و بو کے پیراہن
اب سنور کے نکلے گا حسن کارخانے سے

ایک غزل کے تین اشعار اس طرح کے ہیں جن سے مجروح کے سر پر ترقی پسندی کا ایک بوجھ نظر آتا ہے جسے وہ ڈھونا چاہ رہے ہیں۔ ہل کے ساز پر نغمے، اہل دل اگائیں گے، جو کے ایک دانے سے، حسن کارخانے سے۔ یہ سارے کے سارے ایسے ڈکشن کا پتہ دیتے ہیں جو مجروح کا اپنا ڈکشن نہیں ہے، اپنا رنگ نہیں ہے۔ ایک متعینہ منشور کی آواز ہے اور وہ منشور شاعر کو اپنے منصب سے گرا رہا ہے اور ایک خاص قسم کی ڈیوٹی دینے پر آمادہ کر رہا ہے۔ اس طرح سے یہ شعر ؂

مری نگاہ میں ہے ارض ماسکو مجروح
وہ سرزمیں کہ ستارے جسے سلام کریں

ایسے ہی ذہنی تکدر کا نتیجہ ہے۔ انہیں اشعار نہ کہیے نعرہ زنی کہیے۔ ایسا محسوس ہوتا ہے کہ خود مجروح کو ایسے اشعار کی حرمت یا بے حرمتی کا اندازہ تھا۔ چنانچہ وہ کہتے ہیں :

"میری غزل کے بعض وہ اشعار جو نعرہ زنی کی حد میں آجاتے ہیں محمود نہیں گردانے گئے بلکہ میرے ساتھ ستم ہی یہ ہوا کہ میری پوری غزل کو انہیں بعض عیوب سے منسوب کر کے بڑے توبڑے، چھوٹ بھیے بھی جو ہاتھ میں آیا لے کر میدان میں آگئے اور تب سے یہ سنگ باری آج تک جاری ہے۔ میری خوبیوں کو نظر انداز کر کے صرف چند خامیوں کو میرا معیار فن ٹھہرایا گیا۔ گو اس ہنگامۂ دار و گیر کے باوجود میرا یقین ایک لمحے کو بھی متزلزل نہیں ہوا اور میں نے اور میرے ساتھیوں نے ترقی پسند غزل کو ایک تازہ روایت کی حیثیت دے کر ہی دم لیا۔ البتہ

میری کم گوئی، تو شاید یہ یاروں کم نگہی و سرد مہری کا رد عمل ہو یہ تو درست ہے کہ میری پشت پر کوئی دست شفقت کبھی نہیں رہا مجھے زندہ رکھا تو میرے غیر جانب دار سننے اور پڑھنے والوں نے اور احباب کے منفی رویے کے باوجود مجھے سننے اور پڑھنے والوں نے خواہ وہ کسی طبقے سے ہوں میری غزل کو کسی صنف سخن سے کمتر نہیں جانا۔ میرے کتنے ہی اشعار آج اردو دنیاوالوں کی تحریروں میں دیکھے اور ان کی زبان سے سنے جا سکتے ہیں۔ البتہ وقت کی یہ ستم ظریفی ضرور رہی کہ ان میں سے کئی اشعار دوسروں کے نام سے جانے جاتے ہیں۔ میری تراشیدہ تراکیب لفظی کو دوسروں کا مال سمجھا جاتا ہے چنانچہ اہل نظر کی بے بصری کا علاج میرے پاس اس کے سوا اور نہ رہا کہ میں آپ اپنی ملکیت کا اعلان کروں مگر میرے اس مجبور رویے کو خود ستائی سے تعبیر کیا جانے لگا تو میں نے اس محاذ پر بھی خاموشی اختیار کر لی۔ گویا چپ رہوں تو مغضوب اور کچھ بولوں تو مغضوب۔" (۱)

---

(۱) "گفتنی ناگفتنی"، "مشعل جاں" (پیش لفظ) مجروح سلطانپوری، ۲؍اپریل ۱۹۹۱ء

# مجروح : ترقی پسندی سے آگے

ان امور کے بعد اس کا اظہار ضروری معلوم ہوتا ہے کہ مجروح نے بطریق احسن ترقی پسند شعائر کا اپنی غزلوں میں استعمال کیا ہے اور ایسے طریقہء کار میں بھی اپنی جودت طبع کو برقرار رکھنے میں خاصے کامیاب ہوئے۔ ابھی میں نے فیض کے کچھ اثرات کے بارے میں اظہار خیال کیا جس کی موصوف تردید کرتے رہے تھے۔ لیکن یہ سچ ہے کہ ترقی پسند شعائر کے استعمال میں کئی جگہ وہ فیض سے قریب آگئے ہیں۔ لیکن ایسا نہیں ہے کہ انھوں نے شعری کیفیات کو پس پشت ڈال دیا ہے۔ فیض کا نمایاں رنگ تو ملتا ہے مگر اس میں بھی ان کی اپنی انفرادیت گم نہیں ہوئی۔ شعر دیکھیے ؎

حادثے اور بھی گزرے تری الفت کے سوا
ہاں مجھے دیکھ مجھے، اب مری تصویر نہ دیکھ

فیض کے شعر کی یاد دلاتا ہے لیکن یہاں "ہاں مجھے دیکھ مجھے" میں ایک کیف ہے جو دونوں کو الگ بھی کرتا ہے۔ پھر ایک اور شعر ؎

یہ ذرا دور پہ منزل یہ اجالا یہ سکوں
خواب کو دیکھ ابھی خواب کی تعبیر نہ دیکھ

دراصل فیض کے اس شعر کی طرف ذہن کو راغب کرتا ہے ؎

یہ داغ داغ اجالا یہ شب گزیدہ سحر
کہ انتظار تھا جس کا یہ وہ سحر تو نہیں

ایسا محسوس ہو رہا ہے کہ مجروح متعلقہ مضمون کا جواب دے رہے ہیں۔ فیض کو احساس ہے کہ

جس اجالے کی تلاش تھی وہ ہنوز حاصل نہ ہو سکا جبکہ مجروح کہتے ہیں کہ ابھی وہ وقت نہیں آیا کہ اجالے کی تلاش کی جائے، ابھی خواب دیکھتے رہنا ہے اور خواب کی تعبیر سے غرض نہیں رکھنی ہے۔ صاف معلوم ہوتا ہے کہ مجروح کے سامنے فیض کا شعر تھا جس کا وہ جواب دینا چاہ رہے تھے۔ بہر حال! یہ بات ضمناً آگئی ہے۔ میں یہ کہہ رہا تھا کہ ترقی پسندی کے متعینہ مضامین میں بھی مجروح نے خوب خوب اپنی صلاحیت کا مظاہرہ کیا۔ ایسا مظاہرہ جو انہیں سے وابستہ ہو کر رہ گیا۔ مثلاً دو شعر دیکھئے۔

میں تو جب جانوں کہ بھر دے ساغر ہر خاص و عام
یوں تو جو آیا وہی پیر مغاں بنتا گیا
جس طرف بھی چل پڑے ہم آبلہ پایان شوق
خار سے گل اور گل سے گلستاں بنتا گیا

دیکھئے پہلے شعر میں مجروح ایک طرح سے پرانے پیر مغاں یا رہبروں کو نشانہ بنا رہے ہیں جن کے پاس دینے کے لئے کچھ نہیں تھا، عوام و خواص سب کا دامن خالی رہا۔ ایسے رہنماؤں کے پاس دینے کے لئے شاید کچھ تھا بھی نہیں۔ چنانچہ مجروح اس المیے کا اظہار کرتے ہیں کہ اب تک پیر مغاں بننے میں دیر تو نہیں ہوئی لیکن کسی نے کچھ Deliver نہیں کیا۔ مفہوم یہ بھی ہے کہ اب وہ وقت آگیا ہے کہ پیر مغاں ہر خاص و عام کے لئے کچھ نہ کچھ کرے، ان کی بھوک مٹائے اور ان کی زندگی بہتر بنانے کی کوشش کرے۔ شاید ان کے ذہن میں ہے کہ یہ کام ترقی پسندوں ہی سے ہو سکتا ہے۔ اس نکتے کی تکمیل اس شعر سے ہو رہی ہے۔

جس طرف بھی چل پڑے ہم آبلہ پایان شوق
خار سے گل اور گل سے گلستاں بنتا گیا

یہاں تو اپنی آبلہ پائی کے ساتھ ساتھ حالات کی تبدیلی کا اظہار ہے لیکن ساتھ ہی ساتھ یہ بھی کہ خار گل میں تبدیل ہو رہے ہیں اور گل گلستاں میں، یعنی صورت حال بدلتی جا رہی ہے گویا وہ پیر مغاں جو پہلے کچھ نہیں دے رہا تھا اب اس کے پاس دینے کے لئے سب کچھ ہے اب وہ رنگ زمانہ ہی تبدیل ہو رہا ہے اور صورتیں بد سے بہتر کی طرف سفر کر رہی ہیں۔ آپ دیکھئے کہ

ترقی پسندی کس طرح ان کے یہاں نت نئے تیور کے ساتھ مضمون بنتی جاتی ہے:

یہ محفل اہل دل ہے یہاں ہم سب میکش ہم سب ساقی
تفریق کریں انسانوں میں اس بزم کا یہ دستور نہیں

ظاہر ہے ترقی پسندی کا منشور ہے کہ ایں و آں کچھ بھی نہیں، رنگ و نسل کی بنیاد پر تفریق بے معنی ہے، درجات غلط طریقے پر قائم کیے گئے ہیں، آدمی آدمی میں فرق کرنا ایک طرح کا جرم ہے اس لئے کہ یہاں تو مساوات عام ہے یہ ایک ایسی دنیا ہے جہاں سارے کے سارے میکش ہیں، سارے کے سارے ساقی ہیں لہذا تفریق کی گنجائش نہیں اور آدمی آدمی میں فرق کرنا بے معنی ہے۔ ظاہر ہے ترقی پسندی مساوات کا سبق دیتی رہی ہے اور انسانوں کے بیچ فرق کو مٹانا چاہتی ہے خصوصاً معاشی بنیادوں پر۔ یہ مضمون ایک ترقی پسند مضمون ہے ظاہر ہے اس سے مجروح وابستہ ہو کر بھی جو لفظ استعمال کرتے وہ ہیں میکش، ساقی، محفل۔ یہ سب کے سب اسٹاک کے الفاظ ہیں جو پہلے بھی استعمال ہوئے ہیں اور غزل میں تو اس طرح برتے گئے ہیں کہ شاید Stale ہو گئے ہیں لیکن یہی Stale الفاظ مجروح کے ہاتھوں میں نئی زندگی پاتے ہیں اور یہ میکش اور ساقی دراصل نئی دنیا کے وہ لوگ ہیں جو کسی تفریق کے قائل نہیں۔ پھر یہ بھی دیکھیے۔

جنت بہ نگہ، تسنیم بہ لب، انداز اس کے اے شیخ نہ پوچھ
میں جس سے محبت کرتا ہوں، انساں ہے خیالی حور نہیں

بظاہر یہ شعر اس بات کا عکاس ہے کہ اب جو دنیا ہے وہ صاف پہچانی جاتی ہے۔ یہ لمسی دنیا ہے، بصری دنیا ہے، ماورائی نہیں۔ یہاں ہر قسم کی کیفیت کو دیکھا اور چھوا اور محسوس کیا جاسکتا ہے جبکہ جنت کا تصور تو محض تصور سے ہے اور یہ شیخ کی جنت ماورائی ہے، خیالی ہے۔ یہاں جنت بھی خیالی اور حور بھی خیالی اور جس کا علمبردار یا جسے بتانے والا یا نشان زد کرنے والا شیخ۔ لیکن اب دیکھیے ترقی پسند وہ جنت پیدا کرنا چاہتے ہیں جو آپ کی آنکھوں کے سامنے ہو، تسنیم کو لب سے لگا سکتے ہوں۔ اب جس سے محبت کی جا رہی ہے وہ گوشت پوست کا انسان ہے، خیالی نہیں۔ یہاں اسلامی فکر اور ترقی پسند فکر سے براہ راست ٹکراؤ ہے۔ ظاہر ہے شیخ جو

پہلے بھی اردو شعری روایت میں زد میں آتا رہا ہے لیکن مزا حا۔ یہاں بہت سنجیدگی سے اسے رد کیا جارہا ہے۔ کہہ سکتے ہیں کہ یہ شعر اسلامی تصور سے بہت دور ہے لیکن ہم مجروح کی صرف اسی جیاد پر سرزنش نہیں کر سکتے۔ اس میں جو کیف اور کیفیت ہے وہ ہمارے حواس پر چھا جاتی ہے اور تمام دوسرے محسوسات کو جو منفی ہیں، ان کا انسداد ہو جاتا ہے۔ جنت بہ نگہ، تسنیم بہ لب ایسی ترکیبیں ہیں جو ہماری بصری اور لمسی حسیات کو تیز تر کر دیتی ہیں اور ہم کسی اور ہی کیفیت میں ہوتے ہیں۔ شاید مجروح Milk of human kindness پر اعتماد اور اعتقاد رکھتے تھے۔ ترقی پسندی نے جو مظاہرہ کیا تھا کہ سب انسان برابر ہیں، انہیں خاصہ بھا گیا تھا۔ چنانچہ ان کی لے دیکھئے ۔

مجروح اٹھی تھی موج صبا، آثار لئے طوفانوں کے
ہر قطرہء شبنم بن جائے اک جوئے رواں کچھ دور نہیں

یہ موج صبا کیا ہے؟ اس میں طوفان کے آثار کیسے ہیں؟ قطرہء شبنم کو جوئے رواں بننے میں اب کیوں دیر نہیں؟ منزل اب سامنے کس طرح ہے؟ یہ شعر یہ سارے سوالات اٹھاتا ہے لیکن مجروح کو نئی دنیا کی آمد آمد کا انتظار ہی نہیں ایقان ہے کہ وہ سامنے کا منظر نامہ ہے۔ چنانچہ جس جدوجہد میں وہ ملوث ہیں اس کے نتائج اور بہتر نتائج سامنے آنے والے ہی ہیں۔ وہ وقت دور نہیں جب ان کی نئی دنیا ان کے خوابوں کے مطابق ان کے سامنے ہوگی۔ ظاہر ہے یہ ایک یوٹوپیائی تصور ہے اور فیض نے ٹھیک ہی کہا تھا ۔

یہ داغ داغ اجالا یہ شب گزیدہ سحر
کہ انتظار تھا جس کا یہ وہ سحر تو نہیں

لیکن مجروح کا ایقان انہیں منفی تصور کی طرف نہیں لے جاتا۔ یہ باتیں تو ضمناً ہوئیں لیکن سنجیدہ فکر کے اظہار کے لئے جو اسلوب اپنایا گیا ہے وہ غزل کی عین روایت کے مطابق ہے۔ موج صبا، طوفان، قطرہء شبنم، وغیرہ ایسی تراکیب ہیں جو نئی نہیں ہیں لیکن ان کے استعمال کا انداز بے حد منفرد ہے۔ موج صبا کو طوفان کے آثار کا اشاریہ بنانا، قطرہء شبنم کو جوئے رواں میں مبدل کر دینا ہوا انفرادی عمل ہے اور شعری کیفیت سے ہر طرح بھرپور،

یہی ہے مجروح کا کمال۔ ہر چند کہ ان کی ترقی پسندی یہاں بھی عیاں اور روشن ہے۔ اس بات کو مجروح آگے بڑھاتے رہے ہیں۔ یعنی یاسیت سے دور ہو کر رجائیت کا نکل جانا ان کا شیوہ رہا ہے۔ اس نکل میں بڑی شیرینی اور لطافت ہے۔ دو شعر دیکھئے۔

آتی ہی رہی ہے گلشن میں اب کے بھی بہار آئی ہے تو کیا
ہے یوں کہ قفس کے گوشوں سے اعلان بہاراں ہونا تھا
اب کھل کے کہوں گا ہر غم دل، مجروح نہیں وہ وقت کہ جب
اشکوں میں سنانا تھا مجھ کو آہوں میں غزل خواں ہونا تھا

ظاہر ہے دونوں اشعار روایتی شاعری سے ہم رشتہ ہونے کے باوجود الگ ہیں۔ بہار تو ہمیشہ آتی ہے اور آتی رہے گی لیکن اس بار تو اس کا تیور الگ ہے۔ اب تو ہر قفس کے اک اک گوشے سے اس کا اعلان ہونا ہے کہ بہار بس آگئی ہے یا آنا ہی چاہتی ہے۔ یہ اعلان کرنے والے کون لوگ ہیں۔ وہ خواب دیکھنے والے ہیں جو نئی دنیا کا خوش آئند پہلو دیکھ رہے ہیں۔ سردار جعفری نے بھی ایسی دنیا کو سلام کہا تھا۔ لیکن یہ قفس تو اب بھی قائم ہے ظاہر ہے لوگ اب بھی جیل میں بند ہیں، گرفتار ہیں۔ لیکن یہ رجائیت ہے جس رجائیت کی مجروح اپنے مخصوص لہجے میں تشریح و توضیح کر رہے ہیں اس لئے بھی کہ اب انہیں غزل کی عام روایت کے تحت رو رو کر چیزوں کو بیان نہیں کرنا ہے، آہوں کو غزل میں نہیں ڈھالنا ہے یعنی یاسیت سے اپنے تمام تر تصورات کو الگ تھلگ رکھنا ہے اس لئے کہ مجروح کے مطابق اب وقت بدل گیا ہے اور ان بدلے ہوئے حالات کے تحت کوئی بات اشکوں کے پس منظر میں نہیں کہی جا سکتی۔ اردو غزل خوانی بھی بیکار ہے جس میں غم والم کا عنصر نمایاں رہا ہے۔ پوچھا جا سکتا ہے کہ اب ہم میر کی شاعری کو کس خانے میں رکھیں؟ فانی کی شاعری کا کیا ہوگا؟ ہم تو سنتے آئے تھے

Our sweetests songs are those
that tell us the sadest thought.

لیکن یہاں تو حالات کی تبدیلی کا لطف ہے جو رجائی پہلو رکھتا ہے۔ سوال یہ ہے کہ اب اہل درد کیا کریں، اہل غم کیسے جئیں؟ تو ایسے میں مجروح گویا ہیں۔

اب اہل درد یہ جینے کا اہتمام کریں
اسے بھلا کے غم زندگی کا نام کریں

مطلب صاف ہے اہل درد تو رہیں گے لیکن انہیں اپنے درد فراموش کر دینے ہیں، درد کو بھلا دینا ہے اس لئے کہ اب تو جینے کا اہتمام کرنا ہے اور یہ جینا تبھی ممکن ہو سکے گا کہ غم زندگی کا کوئی پہلو نگاہوں کے سامنے نہ ہو اور نئی دنیا ایک ایسی چمکدار اور پر فضا کیفیت رکھے جو ہر وقت ہماری آنکھوں کے سامنے ہو، اس حد تک کہ ہم درد کو فراموش کر دیں اور اس کی چمک دمک کو رجائی انداز میں اپنے اندر جذب کر لیں۔ کیا یہ ممکن ہے؟ بہر حال یہ تو ایک شاعرانہ خیال ہے اور ایک خاص جذبے کے تحت پیش کیا جا رہا ہے۔ ایسے میں رجائی تصورات کی کوئی منزل نہیں، آگے ہی بڑھتے رہنا ہے۔ ایک غزل کے چھ اشعار دیکھئے۔

نہ دیکھیں دیر و حرم سوئے رہروان حیات
یہ قافلے تو نہ جانے کہاں قیام کریں
سکھائیں دست طلب کو ادائے بے باکی
پیام زیر لبی کو صلائے عام کریں
غلام رہ چکے، توڑیں یہ بند رسوائی
کچھ اپنے بازوئے محنت کا احترام کریں
زمیں کو مل کے سنواریں مثال روئے نگار
رخ نگار سے روشن چراغ بام کریں
پھر اٹھ کے گرم کریں کاروبار زلف و جنوں
پھر اپنے ساتھ اسے بھی اسیر دام کریں
مری نگاہ میں ہے ارض ماسکو مجروح
وہ سرزمیں کہ ستارے جسے سلام کریں

میں نے ابھی ابھی لکھا کہ رجائیت پیچھے مڑ کر دیکھنا نہیں چاہتی اس لئے دیر و حرم جو راستے میں ہیں اور جو ٹھہراؤ اور قیام کی جگہیں بھی ہیں یہ سب اب بے معنی ہو گئیں، اس لئے کہ یہ قافلہ

کہاں قیام کرے گا اس کا کوئی اتہ پتہ نہیں اسے تو آگے ہی بڑھتے رہنا ہے اور آگے بڑھنے والے کو قیام و تجود سے کیا مطلب، اسے تو متحرک رہنا ہے ایسے رہروان حیات دیر و حرم کی طرف نہیں دیکھ سکتے پھر انہیں ایسی بے باکی بھی آنی چاہئے جس میں اپنی آواز کو بلند رکھنے کا وصف ہو، حوصلہ ہو کہ وہ اپنے کو عام کریں، پھیلائیں، اپنی صدا بلند کریں اس لئے کہ اب دست طلب کو پیام زیر لبی سے کوئی مطلب نہیں۔ چیزوں کو جبر کی منزل سے نکالنا ہے، ایسے میں دست طلب کو بے باکی کی ادا سکھانی پڑے گی۔ لہذا اب غلام رہنا بے معنی ہے، سارے رسوائی کے بند توڑ دینے ہیں، اس کا احساس ہونا ہے کہ اصل کام تو مزدور کر رہا ہے اسے اپنے ہی بازو کی محنت کا احترام کرنا سیکھنا ہے، اب تک تو وہ جبر کے سائے تلے اپنی محنت کی قدر و قیمت سے واقف نہ تھا، اب یہ واقفیت عام ہونی ہے اس لئے بھی کہ سبھوں کو مل جل کر زمین کو اور زمین کے رہنے والے کو آراستہ و پیراستہ کرنا ہے، جس طرح محبوب کے چہرے میں سنوار اور بانکپن کی کیفیت ہوتی ہے۔ اب اس رخ کو کہیں یکجا، روپوش نہیں رہنا ہے اس لئے کہ رخ نگار کو ایک ایسا روشن چراغ بنانا ہے جو سب کے لئے ہو عوام کے لئے بھی، خواص کے لئے بھی۔ لہذا کاروبار زلف و جنوں کو گرم کرنا ہے، تیز تر کرنا ہے۔ ایسا جنون جس میں زلف قبضے میں ہو نہ کہ زلف کے قبضے میں جنون ہو اور یہ تمام امور اس لئے بھی کہ اب ہندوستان کے مقابلے میں مجروح کی نگاہوں میں ارض ماسکو ہے اور وہ ایک ایسی سرزمین ہے جسے ستارے سلام کرتے ہیں۔

میں نے اس تجزیے میں تمام اشعار کو مربوط تصورات کے تحت اس طرح پیش کیا ہے جیسے یہ غزل کے اشعار نہ ہوں کوئی نظم ہو۔ حالانکہ بنیادی طور پر یہ سب کے سب غزل ہی کے اشعار ہیں، کوئی نظم نہیں۔ لیکن ترقی پسندی کا خواب جو مجروح کے زمانے میں خصوصاً اس وقت جب یہ غزل کہی گئی ہوگی، اس زمانے میں اس قدر شدید تھا کہ ایسی تعبیرات سامنے آنی ہی تھیں۔ ان چھ اشعار میں کم از کم دو شعر مجروح کے شعری منصب سے گر رہے ہیں۔ یعنی یہ شعر۔

غلام رہ چکے، توڑیں یہ بندِ رسوائی
کچھ اپنے بازوئے محنت کا احترام کریں

مری نگاہ میں ہے ارض ماسکو مجروح
وہ سرزمیں کہ ستارے جسے سلام کریں

ان میں وہی شدت آواز ہے جو مجروح کی مخصوص، دھیمی، نغمگی سے پرلے سے میل نہیں کھاتی۔ یہ استثنائی صورتیں ہیں۔ اس کی چند مثالیں میں اگلے صفحات میں پیش کر چکا ہوں۔

ترقی پسندی سے متعلق کچھ اور شعر دیکھئے۔

میں کہ ایک محنت کش، میں کہ تیرگی دشمن
صبح نو عبارت ہے میرے مسکرانے سے

اب جنوں پہ وہ ساعت آپڑی کہ اے مجروح
آج زخم سر بہتر، دل پہ چوٹ کھانے سے

نظارہ ہائے دہر بہت خوب ہے مگر
اپنا لہو بھی سرخیء شام و سحر میں ہے

یہی جہاں ہے جہنم، یہی جہاں فردوس
بتاؤ عالم بالا کے سیر بینوں کو

میں نے اوپر رجائیت کا ذکر کیا تھا، یہاں بھی وہی صورت ہے۔ غزل کا شاعر وہی کام غزل سے لے رہا ہے جو دوسرے شعرا نظموں سے لیتے ہیں۔ ظاہر ہے یہ بہت مشکل امر ہے لیکن مجروح اس راہ پر بہ سلامت گزرے ہیں۔ اب محنت کش تیرگی کا دشمن ہے جس کے یہاں اس کی مسکراہٹ ہی صبح نو سے عبارت ہے۔ آج بھی چوٹ لگتی ہے لیکن یہ چوٹ ایک بڑی غایت کے لئے ہے اس لئے اسے خوش آمدید کہنا ہے۔ پھر ایک لور منظر مجروح پیش کرتے ہیں کہ بہت کیف ہے اس دہر کے نظارے میں۔ لیکن اس کا احساس ہونا چاہئے کہ اس نظارے میں مجروح جیسے لوگوں یا مزدوروں کا خون بھی شامل ہے۔ چنانچہ سرخیء شام و سحر جو ایک خاص نظارا پیش کر رہی ہے وہ اس بات کا مظہر ہے لور پھر مجروح اسی خیال کو دہراتے ہیں جسے وہ نئی

جنت کہتے ہیں اس لئے کہ عالم بالا کی جنت ہو یا جہنم، کچھ بھی نہیں ہے جو کچھ بھی ہے اسی دنیا میں ہے، جنت بھی جہنم بھی۔ لہٰذا جو عالم بالا کے سیر بیں ہیں ان سے ان کا کچھ لینا دینا نہیں ہے، اب تو یہ دنیا ہی سب کچھ ہے۔ تو گویا مجروح مارکس کے اس تصور کے ساتھ ہو جاتے ہیں کہ ماورائی دنیا کو جو مذہب کے امام پیش کرتے رہے ہیں وہ دراصل اس دنیا سے لوگوں کو الگ تھلگ رکھنے کی ایک کوشش ہے۔ ہر شخص مذہب کی افیون کھا کے مست رہتا ہے نتیجے میں اس کا حق اسے نہیں ملتا۔ وہ ہر جبر کو قبول کرتا ہے، استحصال سے عاجز نہیں ہوتا اور ایسے تمام امور کو قضا و قدر سے معمور کر کے الگ تھلگ رہنے کی کوشش کرتا ہے اور اپنی قسمت کو ایک بڑے رشتے سے جوڑ کر صبر کرتا رہتا ہے اس لئے کہ اس کے صبر کا اجر آئندہ کی دنیا میں یعنی موت کے بعد حاصل ہونا ہے اور یہ فانی دنیا چونکہ چند دنوں کی ہے اس لئے صبر و قناعت سے کام لینا چاہئے اور دائمی دنیا کی فکر کرنی چاہئے۔ مجروح اسے خواب آور کیفیات سمجھتے ہیں اور غور و فکر سے عاری کرنے والے محرکات سے تعبیر کرتے ہیں۔ چنانچہ وہ بار بار اس کا احساس دلاتے ہیں کہ یہی دنیا اصل ہے باقی سب کچھ فریب ہے دھوکا ہے۔ غزل میں یہ احساس دلانا بڑی فنکاری چاہتا ہے جہاں عقیدے کو ٹھیس لگ رہی ہو پھر بھی ہر شخص خاموش رہے۔ چونکہ مجروح خوب جانتے ہیں فن وہ ہے جو اپنی آواز دھیمی رکھے اور جس کی شدت زیادہ ہو نہ کہ اس میں شور و غوغا ہو۔ یہی وجہ ہے کہ مذہبی جنون کے خلاف مجروح کی باتیں شیریں کیپسول میں چھپی رہتی ہیں اور عام احتجاج کا پہلو پیدا نہیں کرتیں ورنہ بعض ترقی پسند اپنے ایسے ہی خیالات کو نظم کرنے کے سلسلے میں خاصے معتوب ہوتے رہے ہیں، پہلے بھی اور اب بھی۔ مجروح پر کوئی بھی ایسا الزام نہیں لگایا جا سکا ہے اور اس کی وجہ وہی ہے Art lies in concealing art لیکن مذہب بیزاری مجروح کے عام اعتبار کو نہیں کھوتی اور وہ سبھوں کے لاڈلے بنے رہتے ہیں۔ عجیب بات ہے کہ جہاں اسی بنیاد پر دوسرے لوگ رد ہوتے رہے ہیں تو مجروح کی شخصیت عام پسند بن کر ابھرتی ہے۔ ٹھیک ہے کہ ان پر بہت کم لکھا گیا ہے لیکن ان پر کم لکھا جانا اس بات کی علامت نہیں ہے کہ ان کی شاعری پسند نہیں کی جاتی ہے، کی جاتی ہے اور خوب کی جاتی ہے۔

ان امور سے ہٹ کر ذرا دیکھئے ترقی پسندی کی خاص علامتیں مثلاً قفس، صیاد، زنداں یا قیدوبند کی علامات۔ چند شعر سامنے کے ہیں۔

ہم قفس صیاد کی رسم زباں بندی کی خیر
بے زبانوں کو بھی انداز کلام آہی گیا

دیکھ کلیوں کا چٹکنا سر گلشن صیاد
زمزمہ سنج مرا خون جگر ہے کہ نہیں

مگر اے ہم قفس کہتی ہے شوریدہ سری اپنی
یہ رسم قیدوزنداں ایک دیوار کہن تک ہے

دار پر چڑھ کر لگائیں نعرہء زلف صنم
سب ہمیں باہوش سمجھیں چاہے دیوانہ کہیں

نہ ہم قفس میں رکے مثل بوئے گل صیاد
نہ ہم مثال صبا حلقہء رسن میں رہے

دیکھئے یہاں بھی جرات اور اعتماد پر سارازور صرف کیا گیا ہے لیکن قنوطیت کا نام نہیں۔ قفس اور صیاد اسٹاک کے الفاظ ہیں لیکن ان سے نئے امکانات پیدا کئے گئے ہیں جو اعصاب پر پژمردگی کی طرح سوار نہیں ہوتے بلکہ رجائی منظر نامہ پیش کرتے ہیں۔ ایسا حوصلہ دوسرے ترقی پسندوں کے یہاں بھی ہے لیکن مجروح کا انداز بڑا محبوب اور دل آویز ہے، جسے محسوس کیا جاسکتا ہے۔ دوسرا شعر شگفتگی کی وہ کیفیت پیدا کر رہا ہے کہ شاید وباید۔ غزل کی رمزیت موسیقی میں مبدل ہو گئی ہے اور الفاظ موسیقی کی لے بن گئے ہیں حالانکہ جو پیغام دیا جارہا ہے وہ پیغام زمنی سطح کا ہے جسے عام ترقی پسند ایک خاص شور شرابے کے انداز میں دیتے ہوئے نظر آتے ہیں۔

عجیب بات ہے کہ مجروح قید وبند کی زندگی کو دیوار کہن یا سلسلہ ء کہن سے تعبیر کرتے ہیں جسے ایک دن ختم ہو جانا ہے۔ لہٰذا اب ایسے ممانعات کچھ معنی نہیں رکھتے اور ساری رکاوٹیں مجروح کے آگے بے معنی ہو گئی ہیں۔ اب مجروح زلف صنم کا نعرہ لگاتے ہیں۔ غور فرمایئے کہ نعرے کو معتدل بنا دینا اور اسے رومان سے مبدل کر دینا ان کا بڑا کمال ہے۔ حالانکہ متعلقہ شعر کی آواز قدرے بلند ہو گئی ہے، جو مجروح کا خاصا نہیں ہے۔ اس کے مقابلے میں اس کے بعد کا شعر تمام تر اشتراکی لفظیات کے باوجود شعری کیفیات سے مملو ہے۔ میں صرف اس بات کا اظہار کرنا چاہ رہا ہوں کہ مجروح کے اندر وہ تخلیقی قوت ہے جو عام خیالات کو بھی شعری وصف سے آراستہ کر سکتی ہے۔ عمومی طور پر ہوتا تو یہ ہے کہ ایسے تصورات نعرہ بازی کے زمرے میں آجاتے ہیں اور ایسا محسوس ہوتا ہے کہ شاعر اپنے جذبات واحساسات کو Con-tain نہیں کر رہا ہے بلکہ آواز کو بلند کرنے پر مجبور ہے یعنی اس کے اندر وہ شاعرانہ کیف اور ہنر مندی دونوں ہی ناپید ہیں۔ ایسے میں شعر اکہرا ہو کر اپنے منصب سے گرتا ہے اور ایک طرح کی غیر تخلیقی فضا مرتب کرتا ہے۔ خود مجروح نے جہاں کہیں بھی بد احتیاطی کی ہے وہاں یہ صورت دیکھی جا سکتی ہے۔ ایک مشہور غزل ہے وہ آپ بھی ملاحظہ کیجئے۔

جلا کے مشعل جاں ہم جنوں صفات چلے
جو گھر کو آگ لگائے ہمارے سات چلے
دیار شام نہیں، منزل سحر بھی نہیں
عجب نگر ہے یہاں دن چلے نہ رات چلے
ہوا اسیر کوئی ہم نوا تو دور تلک
بپاس طرز نوا ہم بھی ساتھ سات چلے
ہمارے لب نہ سہی وہ دہان زخم سہی
وہیں پہنچتی ہے یارو کہیں سے بات چلے
ستون دار پہ رکھتے چلو سروں کے چراغ
جہاں تلک یہ ستم کی سیاہ رات چلے

لٹا کے لائے ہم اے یار پھر بھی نقد وفا
اگرچہ لٹتے ہوئے رہزنوں کے ہات چلے
پھر آئی فصل کہ مانند برگ آوارہ
ہمارے نام گلوں کے مراسلات چلے
قطار شیشہ ہے یا کاروان ہمسفراں
خرام جام ہے یا جیسے کائنات چلے
بلا ہی بیٹھے جب اہل حرم تو اے مجروح
بغل میں ہم بھی لئے اک صنم کا ہات چلے

نو اشعار کی یہ غزل فن پر مکمل گرفت کی ایک اچھی مثال پیش کرتی ہے۔ مشعل جاں، جنوں صفات، دیار شام، منزل سحر، بپاس طرز نوا، ستون دار، سروں کے چراغ، نقد وفا، برگ آوارہ، قطار شیشہ، خرام جام وغیرہ ایسی ترکیبیں ہیں جو بے حد اہم ہیں، استعارے تشکیل کر رہی ہیں۔ اب مشعل جاں کا جلانا اور جنوں صفات بننا اس لئے ضروری ہے کہ منزل حاصل کرنے کے لئے یہ شرطیں ہیں اور یہ بھی کہ ایسے مرحلے میں اپنے ہی گھر کو آگ لگانا بھی ہے۔ گویا مجروح جس سفر پر روانہ ہیں، جو مقصد حاصل کرنا چاہتے ہیں اس کا راستہ سہل نہیں ہے، سب کچھ لٹا دینا ہے۔ پھر دوسرے شعر میں ایک عجیب Abstraction ہے۔ یہ ایسا وقت ہے ایسی جگہ ہے جسے نہ شام سے تعبیر کر سکتے ہیں اور نہ صبح سے۔ یہ نگری بھی عجیب ہے، یہاں دن رات کچھ بھی نہیں۔ گویا مجروح دھندلی دھندلی کیفیت پیدا کرنا چاہتے ہیں اور اسی دھند میں سفر کرنا چاہتے ہیں۔ اس لئے وہ لوگ جو شفاف صبح و شام کے عادی ہیں ان کے لئے اس نگری کا سفر دشوار گزار ہو سکتا ہے لیکن مجروح کے ساتھ چلنے کی شرط بھی یہی ہے۔ کسی پر کوئی مصیبت پڑے، کوئی ہو جو اسیر ہوا ہو مجروح کا یہ طرز خاص ہے کہ اس کا ساتھ دینا ہے یعنی مصائب میں جو گھرا ہوا ہے وہ گویا ان کا ایک شریک کار ہے۔ لب زخم بن سکتے ہیں۔ ظاہر ہے یہ اسی وقت ممکن ہے جب باتیں ایسی ہوں جن میں زخم لگنے کے امکانات ہوں لیکن ظاہر ہے کہ اس مرحلے سے خوف نہیں کھانا ہے۔ اتنا ہی نہیں ستم تو ہوں گے، ستم کی رات بھی

طویل ہوگی لیکن اس کے ساتھ یوں چلنا ہے کہ سر کٹتے رہیں لیکن ان کا غم نہیں کرنا ہے، ایسی رات تو کٹے ہوئے سر کے چراغ سے ہی روشن ہو سکتی ہے۔ لہٰذا قربانی کے بغیر منزل حاصل نہیں ہو سکتی۔ ظاہر ہے یہ شعر۔

ستون دار پہ رکھتے چلو سروں کے چراغ
جہاں تلک یہ ستم کی سیاہ رات چلے

عجیب کیفیت رکھتا ہے۔ ہر چند کہ جیسا میں نے پہلے بھی عرض کیا ہے اس میں فیض کے رنگ کی کیفیت ضرور ہے۔ بہر حال! مجروح اسی طرح کی رجائی کیفیات کو سامنے لاتے رہتے ہیں۔ ستم سے خوف نہیں کھاتے، راستے میں رہزن ہیں، بچھڑنے والے ہیں لیکن ان کے پاس جو سرمایہ ہے، حوصلے کا سرمایہ وہ بہر طور منزل تک پہچانے کی سبیل ہے اور پھر ایک وقفے کے لئے یہ کیفیت ہوتی ہے کہ برگ آوارہ فصل سی دکھائی دیتی ہے، کھلے ہوئے پھول نامہ و پیام بنتے ہیں کہ آگے بڑھنا ہے اور پھر یہ ایسا خرام جام ہے جس میں ساری کائنات چلتی ہوئی نظر آتی ہے، شیشے کی قطار کارواں بناتے ہیں اور ہمسفر ہیں، قطار شیشہ سے نازکی کا احساس ہو رہا ہے، ٹوٹنے پھوٹنے کا بھی۔ لیکن یہ تو کائنات سے عبارت ہے جیسے وہ سفر میں اکیلے نہیں ہیں۔ لیکن مجروح جو منزل حاصل کرنا چاہتے ہیں اس میں "شیشگی" کے باوجود آگے بڑھنے کا کیف ہے۔ چنانچہ مجروح یہ بھی کہتے ہیں کہ حرم کے بلاوے پر ایک صنم کا ہاتھ ساتھ ہے گویا مرد و زن، حسن و عشق سبھی ایک خاص مقصد کے حصول میں رواں دواں ہیں۔

میں نے اس غزل کی وضاحت میں ہر شعر کی کسی نہ کسی خاص کیفیت کی نشاندہی کی ہے۔ اس نشاندہی سے یہ بھی اندازہ ہوتا ہے کہ مجروح کو غزل کی باریکیوں کی کتنی خبر تھی اور کس طرح وہ فنی رچاؤ کے ساتھ اپنے خیالات کا اظہار کر سکتے تھے۔ غزلیت ان کے یہاں ایک ایسا مرحلہ رہتی ہے جو کٹھن اور دشوار راہوں میں بھی ان کا ساتھ نہیں چھوڑتی اور وہ سج دھج قائم رہتی ہے جو اساتذہ کے کلام کا امتیاز رہا ہے۔ لیکن دیکھیئے اسی بحر میں فیض کی بھی ایک غزل ہے۔ یہ غزل منٹگمری جیل میں لکھی گئی ہے اور "زنداں نامہ" میں ہے۔ اس غزل میں سات

اشعار ہیں۔

گلوں میں رنگ بھرے باد نو بہار چلے
چلے بھی آؤ کہ گلشن کا کاروبار چلے
قفس اداس ہے یارو صبا سے کچھ تو کہو
کہیں تو بہر خدا آج ذکر یار چلے
کبھی تو صبح ترے کنج لب سے ہو آغاز
کبھی تو شب سر کاکل سے مشکبار چلے
بڑا ہے درد کا رشتہ یہ دل غریب سہی
تمہارے نام پہ آئیں گے غمگسار چلے
جو ہم پہ گزری سو گزری مگر شب ہجراں
ہمارے اشک تری عاقبت سنوار چلے
حضور یار ہوئی دفتر جنوں کی طلب
گرہ میں لے کے گریباں کا تار تار چلے
مقام فیض کوئی راہ میں جچا ہی نہیں
جو کوئے یار سے نکلے تو سوئے دار چلے

فیصلہ مشکل ہے کہ کون سی غزل ترقی پسندی کے پس منظر میں بہتر ہے لیکن میرا ذاتی خیال یہ ہے کہ فیض کی غزل ترنم ریز زیادہ ہے۔ آہنگ میں شیرینی کی کیفیت بھی ہے جو مجروح کے یہاں بھی ہے لیکن دبی دبی سی۔ یہ پورا منظر نامہ جیل میں ایک ایسے عاشق کی بیتابی کا اظہار ہے جو محبوب کی اک اک ادا پر فدا ہونا چاہتا ہے۔ چنانچہ ایک طرح کی سرمستی ہے جو پوری غزل میں جاری و ساری ہے۔ محبوب کے خواب و خیال نے وہ کیفیت پیدا کی ہے جس میں ایک طرح کی بے خودی ہے اس بے خودی میں سرشاری ہے جو کہیں رکتی نہیں۔ پوری فضابندی اس طرح ہے کہ جیسے محبوب کے کیف کی وجہ سے Abstract خیال Concrete بن گئے ہیں۔ ذکر یار، کنج لب، سر کاکل، حضور یار، دفتر جنوں نیز کوئے یار اور سوئے دار یہ سب مل کر

ایک کڑی کی ترتیب دینے میں کامیاب ہیں اور ایک طرح کی رومانٹک فضا ترتیب پاگئی ہے۔ایسی رومانٹک فضا مجروح کے یہاں نہیں ہے،ہو بھی نہیں سکتی۔دونوں کے یہاں آہنگ کا فرق ہے۔حالانکہ دونوں ہی ترقی پسند شاعر ہیں لیکن فیض کے یہاں کئی جگہوں پر ترقی پسندی منہا ہو رہی ہے اور جمالیات کا زور بڑھ رہا ہے۔ مجروح ہی کی طرح ان کی بھی منزل کوئے یار سے سوئے دار تک ہے۔ غزل کی توضیح کی ضرورت نہیں۔لہٰذا یہ کہا جاسکتا ہے کہ غزل کا یہ اپنا امتیاز ہے کہ دونوں ہی مختلف آنچ رکھنے کے باوجود ایک خاص معیار کو چھوتی ہیں۔

اب یہ موقع ایسا ہے کہ مجروح کی Lyricism پر تھوڑی سی گفتگو کی جائے۔ غزل اور غزلیت کا ذکر بار بار ہو چکا ہے۔ غزل میں ایک دھیمی آنچ ہے جس سے جذبہ ایک عجیب سوزش کے ساتھ سامنے آتا ہے،ایک خاص وصف اور کیف رکھتا ہے جو اچھی غزل کا مزاج ہوتا ہے۔ فیض اپنی پوری شاعری میں اس کیف کو محفوظ رکھتے ہیں۔ مجروح بھی غزلیت سے دامن کشاں نہیں گزرتے اور ان کے یہاں Lyricism یا تغزل ایک روشن کیفیت کی طرح نمایاں ہوتی ہے۔ایک غزل دیکھئے ۔

مجھے سہل ہو گئیں منزلیں کہ ہوا کے رخ بھی بدل گئے
ترا ہاتھ، ہاتھ میں آگیا کہ چراغ راہ میں جل گئے
وہ لجائے میرے سوال پر کہ اٹھا سکے نہ جھکا کے سر
اڑی زلف چہرے پہ اس طرح کہ شبوں کے راز مچل گئے
وہی بات جو نہ وہ کہہ سکے مرے شعر و نغمہ میں آگئی
وہی لب نہ میں جنہیں چھو سکا قدح شراب میں ڈھل گئے
وہی آستاں ہے وہی جبیں وہی اشک ہے وہی آستیں
دل زار تو بھی بدل کہیں کہ جہاں کے طور بدل گئے
تجھے چشم مست پتہ بھی ہے کہ شباب گرمئی بزم ہے
تجھے چشم مست خبر بھی ہے کہ سب آبگینے پگھل گئے

مرے کام آگئیں آخرش یہی کاوشیں یہی گردشیں!
بڑھیں اس قدر مری منزلیں کہ قدم کے خار نکل گئے

یہ وہی کیفیت ہے جو فیض کی غزل " چلے بھی آؤ کہ گلشن کا کاروبار چلے "میں پیش ہوئی ہے اور جس کا ابھی ابھی میں نے ذکر کیا ہے۔ لیکن " مجھے سہل ہو گئیں منزلیں " والی غزل فیض کی اس غزل سے ہم آہنگ ہے جو ابھی موازنے میں پیش ہوئی۔ اگر میں اس غزل سے فیض کی متذکرہ غزل کا موازنہ کرتا تو تغزل کے پس منظر میں یہ فیصلہ کرنا مشکل ہوتا کہ دلکش تر کون ہے۔ لیکن یہ غزل " مجھے سہل ہو گئیں منزلیں "کا لہجہ بھی وہی آہنگی کا ہے جو فیض کی خاص کیفیت ہے۔ یہاں بھی محبوب اور عشق کی لفظیات کا استعمال کیا گیا ہے۔ ترا ہاتھ یعنی محبوب کا ہاتھ، لجانا، اڑی زلف، لب، چشم مست وغیرہ وغیرہ یہ سب کے سب الفاظ وہی عاشقی و محبوبی کے زمرے کے ہیں۔ حالانکہ نشانہ کہیں اور ہے لیکن وہی سرمستی، وہی سرشاری یہاں موجود ہے جو شعر کو شیرینی اور حلاوت سے مملو کرتے ہوئے سحر آگیں بنا دیتی ہے۔ کہا جاسکتا ہے کہ جہاں مجروح نغمگی پر اتر جاتے ہیں وہ کسی سے پیچھے نہیں رہتے۔ لیکن ایسی مثالیں کم پائی جاتی ہیں جو اس غزل خاص میں ہیں۔

غرض کہ مجروح غزل کے ایک ایسے شاعر ہیں جنہیں ایک خاص منصب پر رکھنا پڑتا ہے۔ ٹھیک ہے کہ وہ غالب اور میر نہیں ہیں لیکن اگر انہیں احساس ہے کہ وہ اپنے معاصرین میں سب سے بڑے غزل گو شاعر ہیں تو یہ بھی ممکن ہے کہ ان کا یہ اعتقاد بے جا نہ ہو۔ ہاں ایک آدھ شاعر کو منہا کیا جاسکتا ہے۔

☆☆

# مجروح اور ان کے نقاد

اب ضرورت اس بات کی ہے کہ نقادان فن انہیں کس طرح دیکھتے رہے ہیں اس پر ایک نگاہ ڈال لی جائے۔

فکر، غزلیت اور غنائیت نے مجروح کو ایک اہم غزل گو شاعر کے منصب پر فائز کیا ہے لیکن ۱۹۵۳ء میں مجروح کی شاعری پر پہلا تنقیدی مضمون جو "غزل" کے پہلے ایڈیشن میں بطور تعارف شائع ہوا ہے سردار جعفری کا ہے۔ موصوف کا خیال ہے کہ :

> "مجروح کو بڑا شاعر بننے کے لئے اس آہنگ کو زیادہ بلند کرنا ہے، اور یہ ہو کے رہے گا کیوں کہ دور وسطی کے شعرا نے جس جنگ کی ابتدا کی تھی آج کے ترقی پسند شاعر اس کی انتہا کر رہے ہیں۔ ان کی لڑائی جاگیر داری ذہنیت کے خلاف تھی، ہماری لڑائی جاگیر داری اور سامراجی ذہنیت کے خلاف ہے، اس لئے ہم کو اپنی نوا اور زیادہ تلخ و تیز کرنی پڑتی ہے۔"(۱)

مجروح اگر سردار کی یہ رائے تسلیم کر لیتے تو ہو سکتا ہے کہ فکر کی کسی کیفیت میں ایک آنچ کا اضافہ ہو جاتا لیکن غنائیت دم توڑ دیتی۔ غزلیت چیخ پکار میں مبدل ہو جاتی اور وہی ہوتا جو ایک عام ترقی پسند شاعر کے یہاں ہوتا آیا ہے۔ شاعری منصب سے گرتی اور مجروح وہ نہ ہوتے جو آج ہیں۔ لیکن سردار نے اس آہنگ کو ضرور محسوس کیا تھا جو ان کی نگاہ میں زیادہ بلند

---

(۱) حوالہ "مجروح سلطانپوری : مقام و کلام"، مرتبہ :ڈاکٹر محمد فیروز، صفحہ ۳۰

نہیں تھا۔ ظاہر ہے اس کا زیادہ بلند نہ ہونا ہی شاعر کے اہم بن جانے کا جواز پیش کرتا ہے۔ کہا جا سکتا ہے کہ اقبال کا آہنگ تو بڑا تیز اور بلند بانگ ہے پھر بھی وہ شاعری کے منصب سے نہیں گرتے تو پھر مجروح کیوں ؟ جواب سیدھا سادا ہے کہ اقبال کا آہنگ تیزی اور طراری کے باوجود موسیقی کی اعلیٰ سطح کی چیز ہے اور ان کے یہاں فکر کا جو نظام ہے وہ ایک خاص لب و لہجے کی یاد دلاتا ہے یعنی ایک ایسا لہجہ جس کے وہ خود خالق ہیں اور خاتم بھی اور جس کا تتبع ممکن نہیں۔ مجروح ویسا آہنگ پیدا نہیں کر سکتے تھے اور انہیں اس کی ضرورت بھی نہیں تھی لیکن معین احسن جذبی جو ان کے ہم عصر رہے ہیں بڑے پتے کی بات لکھتے ہیں وہ کہتے ہیں کہ :

> "مجروح عشقیہ شاعری کا حق ادا نہیں کر سکے۔ اس کا انہیں احساس ہے۔ لیکن اس کے باوجود اس میدان میں وہ اپنے ہم عمر شاعروں میں سب سے آگے نظر آتے ہیں۔ ان کی اس نوع کی شاعری میں تجربات کی پختگی کے ساتھ ساتھ فکر کا کچھ عنصر شامل ہے جس کی وجہ سے ان کی رومانیت میں ایک خاص وزن و وقار پیدا ہو گیا ہے۔"(۱)

مجروح عشقیہ شاعری کا حق ادا نہیں کر سکے تو کیا وہ ایسا کرنا چاہتے تھے۔ عشقیہ شاعری کے اپنے مطالبات ہیں مجروح کو عشق کی اپنی ابتدائی ناکامی کے بعد بھی کوئی ایسا زخم نہیں لگا تھا جو انہیں میر بنا دیتا۔ لیکن یہ کہ وہ اپنے ہم عمر شاعروں میں سب سے آگے نظر آتے ہیں۔ ایک حق گو شاعر کا بیان ہے اور یہ بالکل صحیح ہے کہ ان کے یہاں تجربات کی پختگی میں وہ فکر شامل ہے جو انہیں ترقی پسندی نے عطا کی تھی۔ لہٰذا اگر ان کی رومانیت میں ایک خاص وزن و وقار پیدا ہو گیا ہے تو یہ اچنبھے کی بات نہیں۔ ایک دوسری بات بھی جذبی نے محسوس کی ہے کہ مجموعی حیثیت سے مجروح کا رشتہ کلاسیکی شعرا سے ملتا ہے۔ یہ وہی نکتہ ہے جس کی میں نے وضاحت بھرپور طریقے پر کی ہے۔ ایک اور اہم تنقیدی مضمون محمد حسن کا ہے جس کا عنوان "بجیلا غزل گو" ہے۔ اس مضمون میں وہ بجا طور پر مجروح کو غزل کا قتیل کہتے ہیں

(۱) "مجروح سلطانپوری : مقام و کلام"، مرتبہ : ڈاکٹر محمد فیروز، صفحہ ۴۷

انہوں نے مزید اس کا احساس دلایا ہے کہ :

"مجروح بلا شبہ آج کی غزل کے کلاسیکی لہجے کے مزاج داں ہیں اور جس طرح وہ سجا اور سنوار کر غزل کہتے ہیں وہ انہیں کا حصہ ہے لیکن سوال یہ ہے کہ ان کی غزل کیا آج دھندلکوں والے دور کو بھی حوصلہ اور اعتماد کا وہی نور بخش سکے گی جو وہ اس دور سے پہلے ارزانی کرتی آئی ہے ؟ انہوں نے اس سجاوٹ اور نکھار کو لا تعداد تراکیب تراش کر اور نئی نغمگی سے بھر پور مرقع مرتب کر کے نبھایا اور ضرب موسم، مطلع امکان، تیشہء نظر، سیل رنگ ، مشعل جاں ،شعلہ آوارہ، کلہ سنگ بتاں ،سر مقتل ظلمات، سنگ سفر، بہ پاس طرز نوا، فراز دار، ستون دار، خرام شیشہ ،نہ جانے کتنی دلفریب اور نظر نواز تراکیب مجروح کی ایجاد ہیں۔ ان کے آرٹ کی جھنکار اور ان کے مرقعوں کی تصویر سازی کا جائزہ مستقل مقالے کا محتاج ہے لیکن ان تراکیب کی جاں فزائی کے پیچھے جس لہجے اور جس نظریے نے ان کی غزل کو تہداری اور جاں فزائی بخشی ہے وہ غزل کے نئے مزاج کی بھی آئینہ داری کرتا ہے اور مجروح کی غزل کی تاریخ ساز معنویت کی۔

شمع بھی اجالا بھی میں ہی اپنی محفل کا
میں ہی اپنی منزل کا راہبر بھی راہی بھی "(۱)

ظ۔ انصاری بھی اس کا احساس دلاتے ہیں کہ :

"مجروح جلدی چمکے ،اپنے حق سے چمکے اور ایسے وقت میں چمکے جب غزل کی آبرومندی پر آنچ آچکی تھی ............ اور وضع دار غزل گویوں پر اوس پڑ چکی تھی۔ جذبی تھک کر بیٹھ رہے ،اوروں نے منزل کا رخ بدلا۔ مجروح

---

(۱) "مجروح سلطانپوری : مقام اور کلام"، مرتبہ :ڈاکٹر محمد فیروز، صفحہ ۴۹

> کی غزل کا مردانہ لہجہ ہوا میں تحلیل نہیں ہوا۔ تین دہائیوں میں غزل چولہ بدل کر پھر محفلوں سے گزرتی سر بازار آ پہنچی اور ذرا ہزنس لائک لہجے میں اس نے "راہ رفتگاں" سے بے رخی بلکہ بے مروتی اختیار کی۔"(۱)

لیکن مجروح کی غزل پر ڈاکٹر وحید اختر نے ایک تفصیلی مضمون "مجروح: غزل میں انحراف اور اجتہاد کی آواز" کے عنوان سے لکھا۔ یہ بڑا تفصیلی مضمون ہے اور محمد حسن کے بعد یہ دوسرا اہم مضمون میری نگاہوں کے سامنے ہے۔ دوسری باتوں کے علاوہ وحید اختر اس نتیجے پر پہنچتے ہیں کہ مجروح یہ فن جانتے تھے کہ حدیث دل براں کو دوسروں کی زبان سے ادا کرنا چاہئے۔ لیکن وہ اسلوب شاعری کے رمز شناس ہیں۔ پھر وہ یہ بھی کہتے ہیں کہ انہوں نے ترقی پسندی کے دور میں جبکہ غزل معتوب و مقہور صنف سخن تھی اپنے وجود کے تجربے کو ایجاز و ایمائیت کے ساتھ غزل کی زبان میں ادا کیا۔ لیکن وہ انہیں جدید غزل کا پیش رو کہتے ہیں اور ظاہر ہے کہ مجروح جدید غزل کے کتنے ہی نئے تیور کے شاعر معلوم ہوتے ہیں لیکن اگر انہیں جدید غزل کا پیش رو کہا جائے تو پھر فیض اور اس سے پہلے اقبال کو کیا کہا جائے گا۔ میں سمجھتا ہوں کہ غزل میں اجتہاد اور نیا آہنگ پیدا کرنے میں سب سے بڑا اور اہم ہاتھ اقبال ہی کا رہا ہے لیکن اقبال کی آواز اور آہنگ میں تیزی اور تندی کو منہا کیا جائے تو پھر فیض اور مجروح ہی بچتے ہیں۔ اس لئے اس بات کو تحفظات کے ساتھ مان لینے میں کوئی نقصان نہیں کہ مجروح جدید غزل کے ایک پیش رووں میں رہے ہیں۔ ذیل میں مجروح کے شاعرانہ منصب کے سلسلے میں چند ناقدین کی رائے پیش کر رہا ہوں:

> "مجروح کی شاعری کا مطالعہ کرتے ہوئے مجھے ان کی شعری ہوش مندی یا حسیت میں جو چیز سب سے زیادہ متاثر کرتی ہے وہ یہ ہے کہ انہوں نے شروع سے ہی اس بات کی شعوری کوشش کی ہے کہ شاعری میں عوامی شناخت کے ساتھ ساتھ ان کی انفرادی شناخت بھی برقرار رہے یعنی

---

(۱) "مجروح سلطانپوری: مقام اور کلام"، مرتبہ: ڈاکٹر محمد فیروز، صفحہ ۶۸

ان کا کلام، شاعروں کی بھیڑ میں بے چہرگی کا شکار نہ ہو جائے۔ اسی لئے وہ روز مرہ کے اجتماعی تجربات کو نظم کرتے وقت بھی اپنی انفرادی اور منظم شعری حسیت کو ہاتھ سے نہیں جانے دیتے۔"(۱)

"انفرادیت پسندی اردو غزل میں کوئی نئی بات نہیں۔ غالب، میر، یگانہ، اقبال، شاد عارفی، بہت سے نام فوراً ذہن میں آجاتے ہیں اور جو متفرق اشعار اس طرح کے جذبات سے گونجتے ہیں ان کی تعداد کا شمار نہیں ہو سکتا۔ اہمیت یہاں ایجاد یا تقدم کی نہیں۔ مجروح نے روایت سے بغاوت کی کوشش نہیں کی، البتہ انہوں نے روایت کا پورا احترام کرتے ہوئے اپنی فکر کے ان پہلوؤں کو فنکاری سے اجاگر کیا ہے جن کو وہ شعوری جذباتی طور پر قابل قدر سمجھتے ہیں۔"(۲)

"لیکن یہ حقیقت اپنی جگہ طے شدہ ہے کہ مجروح کا تمام تر زور ترقی پسند غزل کی گیسوئے خم بہ خم کی مشاطگی پر ہے۔ وہ ترقی پسند نقطہ نظر سے تمام تر اتفاق رائے کے باوجود، جس میں انسان دوستی، استحصال سے پاک معاشرہ کا قیام، سائنسی فکر کی بالادستی اور بین الاقوامیت کا احساس پیدا کرنے کے لئے جستجو شامل ہے، روایتی غزل کی شیریں کلامی سے دست کش نہیں ہو پاتے۔ وہ "مواد" اور "ہیئت" کے متناسب آمیزہ پر یقین رکھتے ہیں۔ یہ ایک ایسا کمال ہے جسے مجروح نے خوبی حاصل کیا ہے۔ اس مضمون میں مجروح اور ان کے ہم عصروں کا تقابلی مطالعہ مقصود نہیں بلکہ

---

(۱) "مجروح کا شعری رویہ" فضیل جعفری

(۲) "مجروح کی غزل: مختصر جائزہ" چودھری محمد نعیم

وہ تمام شعرا جنہوں نے مجروح کی غزل کا تتبع کیا ہے مجروح کی منفرد اہمیت بلکہ قیادت سے انکار نہیں کر سکتے۔" (۱)

"مجروح نے غزل کی زبان کو بھی نئے الفاظ اور نئی ترکیبیں دی ہیں جو ان کے معاصرین میں کسی کے ہاں کم ہی ملیں گی۔ مثلاً رخش جنوں، شعلہ آوارہ، روح ساعت، گداز محبت، تسنیم بلب، روئے نو بہار، شکست دلداری، مشعل جاں، خال رخ بہاراں، خار ملامت، کشت چمن، سیل رنگ، مطلع امکاں، بیاض شعلہ، جبریل جنوں، شکر آمیز، حریص گفتگو، میزبانیء ساحل، کوزہ کہن، تیشہ نظر، سیل نسیم، نرغہ راہزن، تہہ زلف دار، مقتل ظلمات، جنت بہ نگہہ، رقص ناتمام، لب جام، گلوئے تشنہ، رہبر کوتاہ خرام، ناز حریفاں، شعلہ حنا، رفتہ تغافل و ناز، تابش بدن، نوالہ زر، ناخن خنجر، جنوں صفات، ستون دار، طرز نوا وغیرہ۔" (۲)

"مجروح صاحب نرم و شیریں الفاظ کے شاعر ہیں، ان کی غزلوں کی نزاکت اور لطافت، شیرینی اور سادگی متاثر کرتی ہے۔ مجروح کے کلام سے جو جمالیاتی نشاط حاصل ہوتا ہے غالباً اس کا سبب یہ ہے کہ جدید اردو غزل میں یہ خوشبو اور خشبوؤں سے الگ ہے۔ بعض تجربے نئے نہیں ہیں لیکن اپنی خاص لطافت کی وجہ سے نشاط و مسرت عطا کر دیتے ہیں۔ (۳)

---

(۱) "مجروح: ترقی پسند غزل کے نقیب" محمد علی صدیقی

(۲) "مجروح سلطانپوری" نثار احمد فاروقی

(۳) "اپنا لہو بھی سرخی شام و سحر میں ہے" شکیل الرحمٰن

"مجروح کے اشعار کا آہنگ باوقار ہے۔ ایک نرم خرام جوئے رواں کی طرح، جس میں تیز لہریں کم ہی ابھرتی ہیں اور بھنوریا جوار بھاٹا تو اٹھتا ہی نہیں۔ اشعار بڑی یکسانی اور یکسوئی کے ساتھ ایک ہموار سطح پر دھیرے دھیرے جنبش کرتے نظر آتے ہیں۔ اس آہنگ میں ایک لطیف نغمگی ہے، ایک زیر لب ترنم ہے۔ یہ ایک ایسے رومان پسند کی آواز ہے جو ہنگاموں میں سکون کا متلاشی ہے۔ اس آواز میں دار ورسن کا جو ذکر ہے وہ بھی بڑی خموشی اور آہستگی کے ساتھ، یہ اس گہری جمالیات کی صدا ہے جس کے اجزائے ترکیبی ہیں درد مندی اور حسن پسندی۔"(۱)

ان اقتباسات سے اتنی بات طئے ہو جاتی ہے کہ مجروح کے شاعرانہ منصب سے کسی کو انکار نہیں۔ اس سے بھی انکار نہیں کہ مجروح کی آواز منفرد ہے اور وہ ایک ایسا امتیاز رکھتے ہیں جو دوسرے شاعروں کے یہاں بہت کم ملتا ہے۔ ان کا مقابلہ و موازنہ صرف فیض سے ممکن ہے اور وہ بھی اس لئے کہ فیض نے بعض بہت ہی ترنم ریز رومانی غزلیں کہی ہیں لیکن وہ بنیادی طور پر نظم ہی کے شاعر ہیں۔ ایسے میں مجروح جو اپنی طنطنے کی شاعری میں جو کچھ اپنے بارے میں کہتے آئے ہیں بے جا نہیں ہے اس احساس کے باوجود کہ ان کا سرمایہ بے حد قلیل ہے۔ افسوس کہ وہ اس میں وسعت نہ لا سکے اور فلمی دنیا سے وابستہ ہو کر اپنا بہت سا تخلیقی کام دوسری راہ پر لگا دیا۔

مجروح کے بارے میں یہ کہا جاتا ہے کہ انہوں نے اپنی ساری تخلیقی قوت فلمی شاعری میں صرف کر دی۔ اس طرح فلمی گانے تو اہم تر بن گئے، انہیں وقار حاصل ہوا لیکن خود ان کا سرمایہ غزل مختصر ہو گیا۔ بہر حال! یہ بھی ایک کام تھا جسے موصوف نے بطریق احسن انجام دیا اور اس کی جتنی بھی داد دی جائے کم ہے۔

☆☆

---

(۱) "مجروح کا تغزل" عبدالمغنی

# مجروح اور فلمی شاعری

مجروح نے زندگی کا ایک بڑا حصہ فلمی دنیا میں بسر کیا۔ ان کا سنجیدہ شعری کلام بہت مختصر ہے۔ اس کی وجہ بھی یہ بتائی جاتی ہے کہ چونکہ موصوف فلموں سے ہی زیادہ دلچسپی لیتے رہے اس لئے ساری تخلیقی قوت وہیں صرف ہوتی رہی۔ چونکہ موصوف غزل گوئی میں اپنے امتیازات سے ہٹنا نہیں چاہتے تھے اس لئے تخلیقی سطح پر خود پر ایک پابندی لگا رکھی تھی۔ لیکن تخلیقی قوت نے دوسرا رخ اختیار کیا اور وہ رخ تھا فلمی گیتوں کو ایک اعتبار دینا۔ اس میں وہ خاصے کامیاب بھی ہوئے۔ سوال یہ ہے کہ وہ کس طرح فلمی دنیا میں داخل ہوئے؟ یہ کوئی پیچیدہ مسئلہ نہیں ہے۔ ان کا اپنا بیان ہے :

> "میری فلمی شاعری کا کچھ ایسا ہے کہ سب سے پہلے جب فروری ۱۹۴۵ء میں محترم جگر مرادآبادی مرحوم مجھے بمبئی کے ایک مشاعرے میں لائے جو 'اقبال ڈے' کے طور پر پنجاب مسلم ایسوسی ایشن کی جانب سے بہت بڑے پیمانے پر ہوا کرتا تھا، انہیں دنوں مشہور پروڈیوسر ڈائرکٹر اے آر کاردار، جو اس وقت کے تین بڑوں (محبوب، شانتا اور اے آر کاردار) میں تھے، وہ ایک فلم "شاہجہاں" کے نام سے بنانا چاہتے تھے اور جس کے لئے وہ کسی ایسے اردو شاعر کو لینا چاہتے تھے جو اپنے گیتوں میں مغلیہ عہد کی زبان کا لحاظ رکھ سکے۔ پہلے تو انہوں نے خود جگر صاحب سے لکھوانا چاہا، پانچ ہزار روپے اڈوانس کے طور پر بھی دئے مگر تین چار دن

تک روپے اپنے پاس رکھ کر جگر صاحب نے واپس کر دئے اور اپنے طور پر مجھ سے چاہا کہ وہ کاردار صاحب سے میرے لئے کہہ دیں کہ میں ان کے لئے گیت لکھوں۔ اس وقت تو میں نے انکار کیا کہ نہیں، اس سے میری شاعری خراب ہو جائے گی۔ جگر صاحب نے مجھے سمجھایا کہ تمہارے پاس علم طب کی سند ہے، وہ تم کرتے نہیں اور کوئی علم جس کی سند تمہارے پاس ہو ایسی نہیں ہے کہ جس سے تم مستقل زندگی گزار سکو۔ مشاعروں میں پھرنا اور اپنی ضروریات کی تکمیل کی حد تک کچھ روپے کما لینا اس لئے کافی نہیں ہے کہ اول تو تمہاری شاعرانہ شہرت اتنی نہیں ہے کہ لوگ تمہیں بلانے پر مجبور ہوں اور مشاعرے تمہارا مستقل ذریعہ آمدنی بن سکیں۔ دوسرے فرض کرو ایسا بھی ہو تو اس کی کیا ضمانت ہے کہ تم دو چار مہینے کے لئے بیمار نہ پڑ جاؤ۔ پھر وہ چار مہینے کس طرح گزارو گے۔ اس لئے میرا مشورہ ہے کہ اگر تمہیں موقع ملے تو تم فلموں میں گیت لکھنا منظور کر لو، ہاں اگر دیکھو کہ یہ ماحول راس نہیں آتا تو چھوڑ دینا۔"(۱)

پھر یوں ہوا کہ ان کی ملاقات کاردار سے ہوئی۔ ان کی فلم "شاہجہاں" اس وقت زیر تکمیل تھی۔ مجروح نے اس کے تمام گیت لکھے۔ موصوف لکھتے ہیں کہ بیچ میں وہ بیمار ہو گئے اور لکھنؤ چلے آئے، جہاں انہیں کئی مہینے رہنا پڑا۔ اس فلم کے لئے مزید دو گیتوں کی ضرورت ہوئی تو خمار بارہ بنکوی سے لکھوائے گئے۔ مجروح بتاتے ہیں کہ اس فلم میں دس گیت تھے، جن میں آٹھ انہیں کے تھے۔ اسے حسن اتفاق کہئے یا ان کی تخلیقی قوت کہ یہ سارے کے سارے گانے مشہور ہو گئے۔ ان گانوں کو سہگل نے گایا تھا، موسیقار نوشاد تھے اور کاردار ہدایت کار تھے۔ پھر ۱۹۴۷ء میں ہندو مسلمان فساد ہو گیا تو ان گانوں سے جتنا کچھ فائدہ

(۱) "گلکاری وحشت کا شاعر: مجروح"، مرتبہ: خلیق انجم، صفحہ ۱۷۰۔۱۷۱

ہونا تھا وہ نہ ہو سکا۔ ایک عرصے کے بعد ہدایت کار محبوب نے فلم "انداز" کے گانے لکھنے کا کام انہیں سونپا۔ یاد رہے کہ اس کے نمایاں کرداروں میں دلیپ کمار اور راج کپور تھے اور ہیروئن نرگس تھی۔ یہ فلم بھی کامیاب ہوئی اور گانے بھی مشہور ہوئے۔ یہاں ایک عجیب واقعہ ان کے ساتھ ہوا۔ اس زمانے میں مرارجی ڈیسائی، جو بمبئی کے وزیر اعلیٰ بھی تھے، ایک سیاسی گانے کی وجہ سے ان کے نام گرفتاری کا وارنٹ جاری کروا دیا۔ لہٰذا مجروح انڈر گراؤنڈ ہو گئے۔ اسی دوران سجاد ظہیر کے سلسلے میں ایک جلسہ ہوا جو انہیں راولپنڈی سازش کیس میں گرفتار کرنے میں احتجاج کے طور پر منعقد ہوا تھا، مجروح بھی اس جلسے میں پہنچ گئے اور گرفتار ہوئے۔ انہیں کہا گیا کہ اپنی نظم کے سلسلے میں معافی مانگیں، موصوف نے انکار کیا اور وہ ایک سال تک نظر بند رہے۔ ایک عجیب بات ہے کہ خود مجروح کے بیان میں تضاد نظر آتا ہے اس لئے کہ انہوں نے یہ بھی لکھا ہے کہ پہلی فلم کے گانے کمال امروہوی نے ان سے لکھوائے، جس فلم کا نام "دائرہ" تھا۔ پہلے ہم لکھ چکے ہیں کہ انہوں نے ابتدائی گانے فلم "شاہجہاں" کے لئے لکھے تھے۔ ایسا محسوس ہوتا ہے کہ فلم "دائرہ" ایسی معروف نہ ہو سکی اس لئے تفصیلات ان کے ذہن میں رہ نہ سکیں۔ بہر طور! اب ان کی ملاقات کئی موسیقاروں اور ہدایت کاروں سے ہو چکی تھی جن میں گورو دت، ناصر حسین اور برمن وغیرہ تھے۔ انہوں نے ان سبھوں کے ساتھ کسی نہ کسی فلم میں گانے لکھے جو مقبول بھی ہوئے۔ مجروح خاص طور پر او پی نیر کا ذکر کرتے ہیں اور یہ بتاتے ہیں کہ انہیں یہ کہنے میں باک نہیں کہ او پی نیر کے ساتھ اردو کے مستعمل کتنے ہی فارسی الفاظ اور اردو غزل کے ایسے مشہور الفاظ جو اب تک فلموں میں رائج نہیں تھے، انہوں نے کامیابی کے ساتھ استعمال کئے۔ تقریباً اٹھارہ جس سے زیادہ الفاظ ہوں گے جو ان کے مطابق انہوں نے فلمی گیتوں کو دئے۔ وہ خود کہتے ہیں کہ جو طرز انہوں نے ایجاد کی آج سارے گیت کار اسی پر چل رہے ہیں۔ موصوف یہ بھی کہتے ہیں کہ رومانٹک کامیڈی کی ایجاد انہوں نے ہی کی۔

مجروح فلم کے بے حد ممتاز شاعر تسلیم کئے جاتے ہیں۔ یہاں پر ٹھہر کر یہ بات سمجھ لینا چاہئے کہ فلم کے اپنے تقاضے ہیں۔ اس تقاضے کے تحت فلمی گانوں کو واقعات اور حادثات

کے تابع ہونا چاہئے۔ موقع اور مصلحت کے مطابق فلمی گیت کے بول متعین کئے جاتے ہیں۔ شاعر آزاد نہیں ہوتا کہ وہ جو چاہے اور جس طرح چاہے کہے۔ یہ بڑی نازک بات ہے۔ یہی وجہ ہے کہ موقع اور واقعہ سے ہم آہنگی کے لئے بہت سے فلمی شاعر تک بندی کی منزل میں آجاتے ہیں اور وفور جذبات اور کیف سے قطعی الگ ہو جاتے ہیں۔ وہ صرف یہ دیکھتے ہیں کہ کوئی گانا اپنی سیٹینگ میں فٹ ہو رہا ہے یا نہیں۔ یعنی سارا زور موقع اور مصلحت پر ہے۔ تخلیقی کمال اس بات میں مضمر ہوتا ہے کہ کہاں تک شاعر متعلقہ واقعے یا حادثے کے اسیر کرنے میں کامیاب ہوا۔ ظاہر ہے کہ مجروح سلطان پوری کے سامنے بھی ایسے مرحلے آئے ہوں گے۔ لیکن انہوں نے ایک بات کا خیال رکھا کہ وہ حد درجہ بازاری نہ بنے۔ فلمی نغمے کو عوامی سطح پر تو لانا ہی تھا اس سے وہ الگ ہو بھی نہیں سکتے تھے۔ اس لئے کہ انہیں قبول عام کی سند بھی حاصل ہونی تھی۔ ایسے میں یہ دو فریضہ انجام دے رہے تھے۔ ایک تو یہ کہ نغمہ موقع اور مصلحت، سانحے اور حادثے سے مطابقت رکھے اور دوسرے اس میں شاعرانہ کیف بھی باقی رہے اس حد تک کہ یہ عوامی مقبولیت میں رخنہ نہ بن جائے بلکہ ذہن و دماغ پر چھا جانے کی صلاحیت رکھے۔ مجروح یہ دونوں کام بہ طریق احسن انجام دیتے رہے ہیں۔ یہی وجہ ہے کہ ان کے فلمی گیت عمومی نوعیت کے نہیں ہیں اور ان میں ایک خاص وقار جھلکتا ہے۔ ان کے ساتھ کچھ دوسرے شاعر بھی تھے مثلاً ساحر لدھیانوی، کیفی اعظمی، جاں نثار اختر، نقش لائل پوری، حسرت جے پوری پھر گلزار، جاوید اختر اور ندا فاضلی۔ یہ سب کے سب فلم کے اہم شاعر ہیں اور ادب کے بھی۔ ایسا محسوس ہوتا ہے کہ ان سبھوں نے کوشش کی کہ اردو شاعری کے پس منظر میں انہیں جو کچھ حاصل ہو سکا ہے اس کا کچھ حصہ فلمی گیتوں کے سلسلے میں نذر کردیں اور یہ تمام شعراوہ کام کرتے رہے۔ مجروح کے ساتھ ساتھ ساحر، کیفی، جاوید اختر یا ندا فاضلی جس طرح فلمی گیتوں کا وقار بڑھاتے رہے ہیں اس کا احساس کیا جا سکتا ہے۔ ابوالفیض سحر کی رائے ہے:

"مجروح نے فلم کو ذریعہ معاش تو بنایا ہی تھا مگر ساتھ ہی اسے مسابقتوں کا ایک خوبصورت سلسلہ اور اردو کی تہذیبی وادبی اقدار کے اظہار کا

بڑا وسیع میدان بھی سمجھا۔ ہمیشہ اعلیٰ اور اونچی قدروں کو بھی عزیز رکھا۔ ساتھ ہی حسب موقع کیف وخمار، رنج و غم، لطف ورومانس کے خوش پیراہن مواقع بھی پیدا کئے۔ ایک مسحور کن، غنائی اور رومانی کیفیت اور فضا ان کے نغموں کا امتیازی وصف بنی رہی جن کے نقوش آج بھی گہرے ہیں اور سامعین کے دل ودماغ میں محفوظ ہیں۔ فلم "شاہجہاں" کے "جب دل ہی ٹوٹ گیا" اور "چاہ برباد کرے گی ہمیں معلوم نہ تھا" جیسے گیتوں نے مجروح کو فلمی دنیا میں آنے والے دنوں کے کل کا وعدہ بنادیا۔ اور پھر یہ مسلسل کامیابیوں کے زینے طے کرتے چلے گئے۔ جو چلا گیا اسے بھول جا، کوئی ہمدم نہ رہا کوئی سہارا نہ رہا، رت ہے ملن کی، ساتھ، میرے آرے، ان بہاروں میں اکیلے نا پھرو جیسے گیتوں نے ملک گیر شہرت سے نوازا مگر "یوں تو ہم نے لاکھ حسیں دیکھے ہیں"، "ہے اپنا دل تو آوارہ"، "کبھی آر کبھی پار سیاں تیر نظر"، "ہونٹوں پہ ایسی بات میں دبا کے چلی آئی"، "کہیں پہ نگاہیں کہیں پہ نشانہ"، "چھوڑ دو آنچل زمانہ کیا کہے گا"، "تیری آنکھوں کے سوا دنیا میں رکھا کیا ہے" جیسے نغموں نے تو انہیں عالمگیر مقبولیت بخشی۔ عالمی اردو کانفرنس کی جانب سے منعقد کی گئی فراق صدی تقاریب میں مجھے ان سے قریب ہونے اور ٹیلی ویژن کے لئے مسائل پر کھل کر گفتگو کرنے کا موقع ملا۔ جلسہ گاہ میں نظامت کرتے ہوئے مہمانان خصوصی، علی سردار جعفری، مجروح سلطان پوری اور نوشاد علی نوشاد کی طرف اشارہ کرتے ہوئے جب میں نے انہیں بھارت ماتا کے ماتھے کو زیب دیتا ہوا جھومر کہا تو ان کے چہرے پر بھی اندرونی خوشی ومسرت چمک اٹھی جو ہماری اردو تہذیب اور ہمارے حب الوطنی کے جذبے اور سچی قوم پرستی کی علامت تھی۔ اردو زبان وادب اور تہذیب سے محبت اور حب الوطنی وقوم پرستی ان کے

کردار کا قابل قدر حصہ تھی۔ یہی سب اردو کے خدمت گزاروں اور
دانشوروں کا ورثہ اور قیمتی سرمایہ افتخار ہے۔"(۱)

اس اقتباس میں چند گانوں کے نام لئے گئے ہیں اور جو کچھ سحر ان کے بارے میں لکھ رہے ہیں وہ واقعی اہم ہے اس لئے کہ یہ سب گانے اس وقت لوگوں کے ذہن و دماغ میں رہے ہیں۔ جواں سال نقاد اور شاعر راشد انور راشد نے اپنے ایک مضمون میں مجروح کے گانوں اور گیتوں کا تفصیلی جائزہ لیا ہے اور بہت سی مثالیں پیش کی ہیں۔ یعنی فلم "شاہجہاں" سے لے کر ان کے ارتقائی سفر میں جو نغمے آئے سب کی تفصیل پیش کی ہے اور ان پر تبصرہ بھی کیا ہے۔ میں صرف وہاں سے چند گانے، گیت یا نغمے نقل کر رہا ہوں، بلا تبصرہ، ذرا انداز دیکھئے:

غم دیئے مستقل، کتنا نازک ہے دل
یہ نہ جانا
ہائے ہائے یہ ظالم زمانہ
دے اٹھے داغ جو، ان سے تو ماہ نو
کہہ سنانا
ہائے ہائے یہ ظالم زمانہ
دل کے ہاتھوں سے دامن چھڑا کر
غم کی نظروں سے نظریں بچا کر
اٹھ کے وہ چل دیئے، کہتے ہی رہ گئے
ہم فسانہ
ہائے ہائے یہ ظالم زمانہ

(فلم "شاہجہاں")

---

(۱) "گلکاری وحشت کا شاعر: مجروح" مرتبہ: خلیق انجم، صفحہ ۸۰۔۱۷۹

کوئی میرے دل میں خوشی بن کے آیا
اندھریا تھا گھر روشنی بن کے آیا
محبت نے چھیڑا ہے پھر ساز دل کا
وہ ہر تار میں راگنی بن کے آیا
سمایا تھا جو دل میں اک درد بن کر
وہ ہونٹوں پہ میری ہنسی بن کے آیا

(فلم "انداز")

تمنا ہے کہ ہو روشن تری دنیا تری محفل
اجالا مل سکے تجھ کو تو اپنا گھر جلا دوں گا

(فلم "جمنا حوالدار")

دھوپ تھی نصیب میں دھوپ میں لیا ہے دم
چاندنی ملی تو ہم چاندنی میں سو لئے

(فلم "نو دو گیارہ")

کیا غلط ہے جو میں دیوانہ ہوا سچ کہنا
میرے محبوب کو تم نے بھی اگر دیکھا ہے

(فلم "ایک نظر")

کوئی ہمدم نہ رہا کوئی سہارا نہ رہا
ہم کسی کے نہ رہے کوئی ہمارا نہ رہا

(فلم "جھمرو")

آنکھیں تھیں اور آئے تھے وہ بھی نظر مجھے
پھر کیا ہوا نہیں ہے کچھ اس کی خبر مجھے

(فلم "ساتھی")

اب کیا مثال دوں میں تمہارے شباب کی
انسان بن گئی ہے کرن ماہتاب کی

(فلم "آرتی")

پتھر کے صنم تجھے ہم نے محبت کا خدا جانا
بڑی بھول ہوئی ارے ہم نے یہ کیا سمجھا یہ کیا جانا

(فلم "پتھر کے صنم")

تجھے کیا سناؤں اے دل ربا ترے سامنے مرا حال ہے
تری اک نگاہ کی بات ہے مری زندگی کا سوال ہے

(فلم "آخری داؤ")

مری دنیا ہے ماں ترے آنچل میں
شیتل چھایا تو دکھ کے جنگل میں
مری راہوں کے لئے تری دو انکھیاں
مجھے گیتا سے بڑی تری دو بتیاں
یگ میں ملتا جو سوملاوہ پل میں
میں نے آنسو بھی دیۓ پر تو روئی نا
مری نندیا کے لئے برسوں سوئی نا
ممتا باقی رہی غم کے ہلچل میں
آؤ نا دھو کے پیوں میں چرن تیرے ماں
دیوتا پیالہ لئے در پہ کھڑے ماں
امرت سب کا ہے اسی گنگا جل میں

(فلم "تلاش")

اک دن بک جاۓ گا ماٹی کے مول
جگ میں رہ جائیں گے پیارے تیرے بول
دوجے کے ہونٹوں کو دے کر اپنے گیت
کوئی نشانی چھوڑ پھر دنیا سے ڈول

انہونی پتھ پر کانٹے لاکھ بچھاۓ
ہونی تو پھر بھی بچھڑا یار ملاۓ
یہ برہا یہ دوری،دوپل کی مجبوری
پھر کوئی دل والا کاہے گھبراۓ

دھارا جو بہتی ہے مل کے رہتی ہے
بہتی دھارا بن جا پھر دنیا سے ڈول

(فلم "دھرم کرم")

تھارے رہیو لو بانکے یار رے
ٹھہرو لگا آؤں نینا میں کجرا
چوٹی میں گوند آؤں پھولوں کا گجرا
میں تو کر آؤں سولہ سنگار رے
تھارے رہیو لو بانکے یار رے
جاؤگے نا کوئی رینا ہے تھوڑی
بولے چھما چھم پائل نگوڑی
جی دھیرے سے کھولوں گی دوار رے
سیاں ہولے سے میں تو چپکے سے
کھولوں گی دوار رے
تھارے رہیو لو بانکے یار رے

(فلم "پاکیزہ")

پھر وہ اپنے مضمون کو اس طرح اختتامی مرحلے میں لاتے ہیں :

"فلم "شاہجہاں" سے لے کر "غلام" تک کا سفر کرنے میں مجروح کو نصف صدی سے زاید کا عرصہ لگا۔ اس سلسلے میں مجروح کی کامیابی کا راز اس بات میں پوشیدہ ہے کہ انھوں نے اپنے وجدان اور شعور کو نئے دور کی تمام تر تبدیلیوں سے آگاہ رکھا ہے اور بدلتے ہوئے زمانے کی دھڑکنوں کو

سلیقے سے اپنے گیتوں میں سمونے کی کوشش کی ہے لیکن اس نازک مقام پر انہوں نے احتیاط کا دامن کبھی نہیں چھوڑا ہے۔ انہوں نے نئے انداز فکر اور لب و لہجے کا خیر مقدم تو کیا لیکن حد درجہ محتاط بھی رہے تاکہ گیتوں میں بازاری پن کا عنصر شامل نہ ہو جائے۔ فلموں کی کاروباری زندگی میں جہاں سطحی پن کا بازار گرم رہا ہے، اس ماحول اور فضا میں خود کو سانس لینے کے قابل بنائے رکھنا جینوئن فنکاروں کے لئے جتنا دشوار کن ہے اس سے کہیں گمبھیر مسئلہ یہ ہے کہ تخلیقی فنکار کی تخلیقیت کا بھرم بھی کسی حد تک باقی رہ سکے۔ یہ دونوں مرحلے نہایت پیچیدہ کہے جا سکتے ہیں کیوں کہ عملی زندگی میں ہمیں برقرار رکھنا بہت مشکل ہوتا ہے لیکن ایسے ہی موقعوں پر تو مہارت آنکی جاتی ہے کہ سانپ بھی مر جائے اور لاٹھی بھی نہ ٹوٹے۔ فلمی وابستگی کے حوالے سے مجروح نے اس مقولے کو درست ثابت کر دکھایا ہے۔ یک وقت دو کشتیوں پر سوار ہو کر بھی وہ ڈوبے نہیں۔ مخالف آندھیوں کے باوجود پیچھے مڑ کر دیکھنا گوارا نہ کیا اور منزل کی جستجو میں آگے کی جانب رواں دواں رہے۔ اس طویل سفر میں جہاں مست خرام وادیوں نے خوش آمدید کہا وہیں پرخار راستوں نے بھی اپنے وجود کا احساس کرا لیا۔ لیکن...... 'سفر تھا شرط سو چلتے رہے شراروں پر" کے مصداق مجروح ہمیشہ اپنے عقیدے پر ڈٹے رہے اور صعوبتیں برداشت کر کے انہوں نے جو مقام حاصل کیا اس کی انفرادیت کا انہیں خود بھی احساس ہے۔ اپنے اس خیال کو انہوں نے فلم "خاموشی" کے ایک گیت میں یوں ادا کیا ہے:

آج میں اوپر آسماں نیچے
آج میں آگے زمانہ ہے پیچھے

ہر فنکار کے لئے ضروری ہے کہ اپنے آپ سے آگاہی میں وہ کوتاہی نہ

برتے البتہ اس ضمن میں اگر بے جا خوش فہمیاں دل میں گھر کرنے لگیں تو اس سے احتراز لازمی ہے، اور حسن اتفاق سے مجروح نے ایسا ہی کیا ہے۔"(۱)

یہاں یہ بات یاد رکھنی چاہئے کہ مجروح نے بار بار یہ احساس دلایا ہے کہ انہوں نے اپنی شخصیت یا اپنے گیتوں کو کوئی اہمیت نہیں دی۔ اس لئے ایسا محسوس ہوتا ہے کہ انہیں ہمیشہ اس کی کسک رہی کہ وہ اپنی سنجیدہ شاعری کا سرمایہ بڑھا نہ سکے۔ چنانچہ جب کبھی فلمی گیتوں کی طرف لوگ رجوع کرتے اور ان کی تعریف کرتے تو وہ بدک سے جاتے اور اپنی اس کامیابی کو کوئی اہمیت نہیں دیتے۔ حالانکہ بعض لوگ اس کا احساس دلاتے ہیں کہ مجروح نے نہ صرف یہ کہ فلمی گیتوں کا وقار بڑھایا ہے بلکہ اردو شاعری کے منصب کو اس سطح پر بھی گرنے نہیں دیا اور یہ بڑی بات ہے۔ ایک اور پہلو ہے اور وہ یہ ہے کہ فلم سے وابستہ ہوتے ہی متعلقہ شخصیت عام طور پر مغرور ہو جاتی ہے لیکن مجروح کے ساتھ ایسا نہیں ہوا کیوں کہ بہر حال ہمیشہ وہ اپنی فلمی شاعری کو سنجیدہ شاعری سے الگ کرتے رہے۔ حالانکہ مجروح اگر چاہتے تو اس باب میں بھی اپنے امتیازات کو خوب خوب بیان کرتے۔ لیکن ایسا کچھ نہیں ہوا۔ ہاں جہاں کہیں انہیں احساس ہوا کہ انہوں نے کوئی بالکل نئی بات کہی ہے تو وہ اس کا ضمناً اظہار کر دیتے۔

☆☆

---

(۱) "گلکاری وحشت کا شاعر: مجروح" مرتبہ: خلیق انجم، صفحہ ۲۰۰

# انتخاب کلام

(الف) منتخب غزلیں
(ب) اشعار

انتخاب کلام

# غزل

سرتوں کو یہ اہل ہوس نہ کھو دیتے
جو ہر خوشی میں ترے غم کو بھی سمو دیتے
کہاں وہ شب کہ ترے گیسوؤں کے سائے میں
خیال صبح سے ہم آستیں بھگو دیتے
بہانے اور بھی ہوتے جو زندگی کے لئے
ہم ایک بار تری آرزو بھی کھو دیتے
بچا لیا مجھے طوفاں کی موج نے ورنہ
کنارے والے سفینہ مرا ڈبو دیتے
جو دیکھتے مری نظروں پہ بندشوں کے ستم
تو یہ نظارے مری بے بسی پہ رو دیتے
کبھی تو یوں بھی امنڈتے سرشک غم مجروحؔ
کہ میرے زخم تمنا کے داغ دھو دیتے

☆☆

# غزل

جب ہوا عرفاں تو غم آرام جاں بنتا گیا
سوز جاناں دل میں سوز دیگراں بنتا گیا

رفتہ رفتہ منقلب ہوتی گئی رسم چمن
دھیرے دھیرے نغمہ دل بھی فغاں بنتا گیا

میں اکیلا ہی چلا تھا جانب منزل مگر
لوگ ساتھ آتے گئے اور کارواں بنتا گیا

میں تو جب جانوں کہ بھر دے ساغر ہر خاص و عام
یوں تو جو آیا وہی پیر مغاں بنتا گیا

جس طرف بھی چل پڑے ہم آبلہ پایان شوق
خار سے گل اور گل سے گلستاں بنتا گیا

شرح غم تو مختصر ہوتی گئی اس کے حضور
لفظ جو منہ سے نہ نکلا داستاں بنتا گیا

دہر میں مجروح کوئی جاوداں مضموں کہاں
میں جسے چھوتا گیا وہ جاوداں بنتا گیا

☆☆

انتخاب کلام

# غزل

مجھے سہل ہو گئیں منزلیں وہ ہوا کے رخ بھی بدل گئے
ترا ہاتھ، ہاتھ میں آگیا کہ چراغ راہ میں جل گئے
وہ لجائے میرے سوال پر کہ اٹھا سکے نہ جھکا کے سر
اڑی زلف چہرے پہ اس طرح کہ شبوں کے راز مچل گئے
وہی بات جو نہ وہ کہہ سکے مرے شعر و نغمہ میں آگئی
وہی لب نہ میں جنہیں چھو سکا قدح شراب میں ڈھل گئے
وہی آستاں ہے وہی جبیں وہی اشک ہے وہی آستیں
دل زار تو بھی بدل کہیں کہ جہاں کے طور بدل گئے
تجھے چشم مست پتہ بھی ہے کہ شباب گرمی بزم ہے
تجھے چشم مست خبر بھی ہے کہ سب آبگینے پگھل گئے
مرے کام آگئیں آخرش یہی کاوشیں یہی گردشیں!
بڑھیں اس قدر مری منزلیں کہ قدم کے خار نکل گئے

☆☆

# غزل

ہمیں شعور جنوں ہے کہ جس چمن میں رہے
نگاہ بن کے حسینوں کی انجمن میں رہے
تو اے بہار گریزاں کسی چمن میں رہے
مرے جنوں کی مہک تیرے پیرہن میں رہے
نہ ہم قفس میں رکے مثل بوئے گل صیاد
نہ ہم مثال صبا حلقہ رسن میں رہے
کھلے جو ہم تو کسی شوخ کی نظر میں کھلے
ہوئے گرہ تو کسی زلف کی شکن میں رہے
سرشک رنگ نہ بخشے تو کیوں ہو بار مژہ
لہو حنا نہیں بنتا تو کیوں بدن میں رہے
ہجوم دہر میں بدلی نہ ہم سے وضع خرام
گری کلاہ ہم اپنے ہی بانکپن میں رہے
یہ حکم ہے رہے مٹھی میں بند سیل نسیم
یہ ضد ہے بحر تپاں کوزہ کہن میں رہے
زباں ہماری نہ سمجھا یہاں کوئی مجروح
ہم اجنبی کی طرح اپنے ہی وطن میں رہے

☆☆

## انتخاب کلام

# غزل

ہم ہیں متاعِ کوچہ و بازار کی طرح
اٹھتی ہے ہر نگاہ خریدار کی طرح

اس کوئے تشنگی میں بہت ہے کہ ایک جام
ہاتھ آگیا ہے دولت بیدار کی طرح

وہ تو کہیں ہے اور مگر دل کے آس پاس
پھرتی ہے کوئی شئے نگہ یار کی طرح

سیدھی ہے راہ شوق پہ یوں ہی کہیں کہیں
خم ہوگئی ہے گیسوئے دلدار کی طرح

بے تیشہ نظر نہ چلو راہ رفتگاں
ہر نقش پا بلند ہے دیوار کی طرح

اب جاکے کچھ کھلا ہنر ناخن جنوں
زخم جگر ہوئے لب و رخسار کی طرح

مجروح لکھ رہے ہیں وہ اہل وفا کا نام
ہم بھی کھڑے ہوئے ہیں گنہگار کی طرح

☆☆

# غزل

ہم کو جنوں کیا سکھلاتے ہو ،ہم تھے پریشاں تم سے زیادہ
چاک کئے ہیں ہم نے عزیزو،چار گریباں تم سے زیادہ
چاک جگر محتاج رفو ہے، آج تو دامن صرف لہو ہے
اک موسم تھا ہم کو رہا ہے ،شوق گریباں تم سے زیادہ
عہد وفا یاروں سے نبھائیں، ناز حریفاں ہنس کے اٹھائیں
جب ہمیں ارماں تم سے سوا تھا،اب ہیں پشیماں تم سے زیادہ
ہم بھی ہمیشہ قتل ہوئے اور تم نے بھی دیکھا دور سے لیکن
یہ نہ سمجھنا ہم کو ہوا ہے، جان کا نقصاں تم سے زیادہ
جاؤ تم اپنے بام کی خاطر، ساری لویں شمعوں کی کتر لو
زخم کے مہروماہ سلامت جشن چراغاں تم سے زیادہ
دیکھ کے الجھن زلف دوتا کی، کیسے الجھ پڑتے ہیں ہوا سے
ہم سے سیکھو ہم کو ہے یارو فکر نگاراں، تم سے زیادہ
زنجیرودیوار ہی دیکھی تم نے تو مجروح ، مگر ہم
کوچہ کوچہ دیکھ رہے ہیں، عالم زنداں تم سے زیادہ

☆☆

انتخاب کلام

# غزل

جلا کے مشعل جاں ہم جنوں صفات، چلے
جو گھر کو آگ لگائے ہمارے سات چلے
دیار شام نہیں، منزل سحر بھی نہیں
عجب نگر ہے یہاں دن چلے نہ رات چلے
ہوا اسیر کوئی ہم نوا تو دور تلک
بپاس طرز نوا ہم بھی ساتھ سات چلے
ہمارے لب نہ سہی وہ دہان زخم سہی
وہیں پہنچتی ہے یارو کہیں سے بات چلے
ستون دار پہ رکھتے چلو سروں کے چراغ
جہاں تلک یہ ستم کی سیاہ رات چلے
بچا کے لائے ہم اے یار پھر بھی نقد وفا
اگرچہ لٹتے ہوئے رہزنوں کے ہات چلے
پھر آئی فصل کہ مانند برگ آوارہ
ہمارے نام گلوں کے مراسلات چلے
قطار شیشہ ہے یا کاروان ہمسفراں
خرام جام ہے یا جیسے کائنات چلے
بلا ہی بیٹھے جب اہل حرم تو اے مجروح
بغل میں ہم بھی لئے اک صنم کا ہات چلے

☆☆

# غزل

گو رات مری صبح کی محرم تو نہیں ہے
سورج سے ترا رنگ حنا کم تو نہیں ہے
کچھ زخم ہی کھائیں چلو کچھ گل ہی کھلائیں
ہر چند بہاراں کا یہ موسم تو نہیں ہے
چاہے وہ کسی کا ہو لہو دامن گل پر
صیاد یہ کل رات کی شبنم تو نہیں ہے
اتنی بھی ہمیں بندش غم کب تھی گوارا
پردے میں تری کاکل پر خم تو نہیں ہے
اب کارگہہ دہر میں لگتا ہے بہت دل
اے دوست کہیں یہ بھی ترا غم تو نہیں ہے
صحرا میں بگولا بھی ہے مجروح صبا بھی
ہم سا کوئی آوارہ عالم تو نہیں ہے

☆☆

انتخاب کلام

## غزل

اس باغ میں وہ سنگ کے قابل کہا نہ جائے
جب تک کسی ثمر کو مرا دل کہا نہ جائے

شاخوں پہ نوک تیغ سے کیا کیا کھلے ہیں پھول
انداز لالہ کاری قاتل کہا نہ جائے

کس کے لہو کے رنگ ہیں یہ خار شوخ رنگ
کیا گل کتر گئی رہ منزل کہا نہ جائے

باراں کے منتظر ہیں سمندر پہ تشنہ لب
احوال میزبانی ساحل کہا نہ جائے

میرے ہی سنگ و خشت سے تعمیر بام و در
میرے ہی گھر کو شہر میں شامل کہا نہ جائے

زنداں کھلا ہے جب سے ہوئے ہیں رہا اسیر
ہر گام پہ وہ شور سلاسل کہا نہ جائے

ہم اہل عشق میں نہیں حرف گنہ سے کم
وہ حرف شوق جو سر محفل کہا نہ جائے

جس ہاتھ میں ہے تیغ جفا اس کا نام لو
مجروح سے تو سائے کو قاتل کہا نہ جائے

☆☆

# غزل

داغ سے مہکی ہوئی زخموں سے لالہ پیرہن
کس قدر ملتی ہے شاخ درد سے شاخ چمن

فرش گل، مینائے مئے، شمع سحر، ساز سخن
سب اٹھے لیکن نہ اٹھا میں خراب انجمن

مژدہ اے یاران تشنہ دل سے پھوٹا پھر لہو
اے شب تار عزیزاں پھر جلا داغ کہن

ساز میں یہ شورش غم لائے مطرب کس طرح
اس کی دھن پابند نے نغمہ ہمارا نے شکن

دیکھئے کب تک بلائے جاں رہے اک حرف شوق
دل حریص گفتگو اور چشم خوباں کم سخن

سچ تو ہے مجروح نے اس گل سے کچھ پیماں لئے
یہ خبر لیکن کہاں سے لے اڑا مرغ چمن

☆☆

انتخاب کلام

# غزل

خنجر کی طرح بوئے سمن تیز بہت ہے
موسم کی ہوا اب کے جنوں خیز بہت ہے
راس آئے تو ہر سر پہ بہت چھاؤں گھنی ہے
ہاتھ آئے تو ہر شاخ ثمر ریز بہت ہے
لوگو مری گل کاری وحشت کا صلہ کیا
دیوانے کو اک حرف دل آویز بہت ہے
مصلوب ہوا کوئی سر راہ تمنا
آواز جرس پچھلے پہر تیز بہت ہے
مجروح سنے کون تری تلخ نوائی
گفتار عزیزاں شکر آمیز بہت ہے

☆☆

# غزل

سوئے مقتل کہ پئے سیر چمن جاتے ہیں
اہل دل جام بہ کف سر بہ کفن جاتے ہیں

آگئی فصل جنوں کچھ تو کرو دیوانو
ابر صحرا کی طرف سایہ فگن جاتے ہیں

اس کو دیکھا نہیں تم نے کہ یہی کوچہ ورلو
شاخ گل شوخی رفتار سے بن جاتے ہیں

وہ اگر بات نہ پوچھے تو کریں کیا ہم بھی
آپ ہی روٹھتے ہیں آپ ہی من جاتے ہیں

بلبلو اپنی نوا فیض ہے ان آنکھوں کا
جن سے ہم سیکھنے انداز سخن جاتے ہیں

جو ٹھہرتی تو ذرا چلتے صبا کے ہمرلو
یوں بھی ہم روز کہاں سوئے چمن جاتے ہیں

لٹ گیا قافلہ اہل جنوں بھی شاید
لوگ ہاتھوں میں لئے تار رسن جاتے ہیں

روک سکتا ہمیں زندان بلا کیا مجروح
ہم تو آواز ہیں دیوار سے چھن جاتے ہیں

☆☆

انتخاب کلام

## غزل

آہ جاں سوز کی محرومی تاثیر نہ دیکھ
ہو ہی جائے گی کوئی جینے کی تدبیر نہ دیکھ

حادثے اور بھی گزرے تری الفت کے سوا
ہاں مجھے دیکھ مجھے، اب مری تصویر نہ دیکھ

یہ ذرا دور پہ منزل، یہ اجالا، یہ سکوں
خواب کو دیکھ ابھی خواب کی تعبیر نہ دیکھ

دیکھ زنداں سے پرے رنگ چمن جوش بہار
رقص کرنا ہے تو پھر پاؤں کی زنجیر نہ دیکھ

کچھ بھی ہوں پھر بھی دکھے دل کی صدا ہوں ناداں
میری باتوں کو سمجھ تلخیٔ تقریر نہ دیکھ

وہی مجروح وہی شاعر آوارہ مزاج
کون اٹھا ہے تری بزم سے دلگیر نہ دیکھ

☆☆

# غزل

ختم شور طوفاں تھا ، دور تھی سیاہی بھی
دم کے دم میں افسانہ تھی مری تباہی بھی

التفات سمجھوں یا بے رخی کہوں اس کو
رہ گئی خلش بن کر اس کی کم نگاہی بھی

اس نظر کے اٹھنے میں، اس نظر کے جھکنے میں
نغمہ سحر بھی ہے آہ صبح گاہی بھی

یاد کر وہ دن جس دن تیری سخت گیری پر
اشک بھر کے اٹھی تھی میری بے گناہی بھی

پستی زمیں سے ہے رفعت فلک قائم
میری خستہ حالی سے تیری کج کلاہی بھی

شمع بھی اجالا بھی میں ہی اپنی محفل کا
میں ہی اپنی منزل کا راہبر بھی راہی بھی

گنبدوں سے پلٹی ہے اپنی ہی صدا مجروحؔ
مسجدوں میں کی میں نے جا کے داد خواہی بھی

☆☆

انتخاب کلام

# غزل

وہ جس پہ تمہیں شمع سر رہ کا گماں ہے
وہ شعلہ آوارہ ہماری ہی زباں ہے
اب ہاتھ ہمارے ہے عناں رخش جنوں کی
اب سر پہ ہمارے کلہ سنگ بتاں ہے
بس پھیر کے منہ خار قدم کھینچ رہے تھے
دیکھا تو نہاں قافلہ ہمسفراں ہے
چبھتے ہی بنی خار صفت پائے خزاں میں
کیا کیجئے بہت ہم کو غم لالہ رخاں ہے
کام آئے بہت لوگ سر مقتل ظلمات
اے روشنی کوچہ دلدار کہاں ہے
اے فصل جنوں ہم کو پئے شغل گریباں
پیوند ہی کافی ہے اگر جامہ گراں ہے
مجروحؔ کہاں سے گھر گندم و جو لائیں
اپنی تو گرہ میں یہی چشم نگراں ہے

☆☆

# غزل

مرے پیچھے یہ تو محال ہے کہ زمانہ گرم سفر نہ ہو
کہ نہیں مرا کوئی نقش پا، جو چراغ راہ گزر نہ ہو

رخ تیغ سے جو نہ ہو کبھی، سحر ایسی کوئی نہیں مری
نہیں ایسی ایک بھی شام جو تہ زلف دار بسر نہ ہو

مرے ہاتھ ہیں تو بنوں گا خود میں اب اپنا ساقی میکدہ
خم غیر سے تو خدا کرے لب جام بھی مرا تر نہ ہو

میں ہزار شکل بدل چکا، چمن جہاں میں سن اے صبا
کہ جو پھول ہے ترے ہاتھ میں، یہ مرا ہی لخت جگر نہ ہو

جنہیں سب سمجھتے ہیں مہر و مہ نہ ہوں صرف چند نقوش پا
جسے کہتے ہیں کرہ زمیں، فقط ایک سنگ سفر نہ ہو

ترے پا زمیں پہ رکے رکے، ترا سر فلک پہ جھکا جھکا
کوئی تجھ سے بھی ہے عظیم تر، یہی وہم تجھ کو مگر نہ ہو

شب ظلم نرغہ راہزن سے پکارتا ہے کوئی مجھے
میں فراز دار سے دیکھ لوں کہیں کاروان سحر نہ ہو

☆☆

انتخاب کلام

# اشعار

شمع بھی اجالا بھی میں ہی اپنی محفل کا
میں ہی اپنی منزل کا راہبر بھی راہی بھی

بہانے اور بھی ہوتے جو زندگی کے لئے
ہم ایک بار تری آرزو بھی کھو دیتے
کبھی تو یوں بھی امنڈتے سرشک غم مجروحؔ
کہ میرے زخم تمنا کے داغ دھو دیتے

ہم تو پائے جاناں پر کر بھی آئے اک سجدہ
سوچتی رہی دنیا کفر ہے کہ ایماں ہے

دل سادہ نہ سمجھا، ماسوائے پاک دامانی
نگاہ یار کہتی ہے کوئی افسانہ برسوں سے

کبھی جادہ طلب سے جو پھرا ہوں دل شکستہ
تری آرزو نے ہنس کر وہیں ڈال دی ہیں بانہیں

دیکھ زنداں سے پرے رنگ چمن، جوش بہار
رقص کرنا ہے تو پھر پاؤں کی زنجیر نہ دیکھ

میں اکیلا ہی چلا تھا جانب منزل مگر
لوگ ساتھ آتے گئے اور کارواں بنتا گیا
دہر میں مجروحؔ کوئی جاوداں مضموں کہاں
میں جسے چھوتا گیا وہ جاوداں بنتا گیا

غم حیات نے آوارہ کردیا ورنہ
تھی آرزو کہ ترے در پہ صبح و شام کریں

وہ بعد عرض مطلب ہائے رے شوق جواب اپنا
کہ وہ خاموش تھے اور کتنی آوازیں سنیں میں نے

اک ستمگر تو کہ وجہ صد خرابی تیرا درد
اک بلاکش میں کہ تیرا درد کام آہی گیا

ہم روایات کے منکر نہیں لیکن مجروحؔ
سب کی اور سب سے جدا اپنی ڈگر ہے کہ نہیں

ترے سوا بھی کہیں تھی پناہ بھول گئے
نکل کے ہم تری محفل سے راہ بھول گئے

سوال ان کا جواب ان کا سکوت ان کا خطاب ان کا
ہم ان کی انجمن میں سر نہ کرتے خم تو کیا کرتے

سر پہ ہوائے ظلم چلے سو جتن کے ساتھ
اپنی کلاہ کج ہے اسی بانکپن کے ساتھ

شب ظلم نرغۂ راہزن سے پکارتا ہے کوئی مجھے
میں فرازِ دار سے دیکھ لوں کہیں کاروان سحر نہ ہو

نہ ہم قفس میں رہے مثل بوئے گل صیاد
نہ ہم مثال صبا حلقۂ رسن میں رہے
ہجوم دہر میں بدلی نہ ہم نے وضع خرام
گری کلاہ ہم اپنے ہی بانکپن میں رہے

وہ تو کہیں ہے اور مگر دل کے آس پاس
پھرتی ہے کوئی شئے نگہ یار کی طرح
مجروحؔ لکھ رہے ہیں وہ اہل وفا کا نام
ہم بھی کھڑے ہوئے ہیں گنہگار کی طرح

وہ اگر بات نہ پوچھے تو کریں کیا ہم بھی
آپ ہی روٹھتے ہیں آپ ہی من جاتے ہیں
روک سکتا ہمیں زندان بلا کیا مجروحؔ
ہم تو آواز ہیں دیوار سے چھن جاتے ہیں

جگائیں ہمسفروں کو اٹھائیں پرچم شوق
نہ جانے کب ہو سحر کون انتظار کرے

جفا کی بات پہ تم کیوں سنبھل کے بیٹھ گئے
تمہاری بات نہیں، بات ہے زمانے کی

اسیر بند زمانہ ہوں صاحبان چمن
مری طرف سے گلوں کو بہت دعا کہئے

ستون دار پہ رکھتے چلو سروں کے چراغ
جہاں تلک یہ ستم کی سیاہ رات چلے

اب سوچتے ہیں لائیں گے تجھ سا کہاں سے ہم
اٹھنے کو اٹھ تو آئے ترے آستاں سے ہم

میرے ہی سنگ و خشت سے تعمیر بام و در
میرے ہی گھر کو شہر میں شامل کہا نہ جائے

برق تپیدہ ، باد صبا ، شعلہ لور ہم
ہیں کیسے کیسے اس کے گرفتار دیکھئے

لوگو مری گلکاری وحشت کا صلہ کیا
دیوانے کو اک حرف دل آویز بہت ہے

☆☆

مجروح اتر پردیش کے ضلع سلطان پور کے قصبہ کجڑی میں 1919ء میں پیدا ہوئے۔ پوانام اسرار حسن خاں تھا۔ مجروح کی ابتدائی تعلیم وطن ہی میں ہوئی۔

مجروح ترقی پسند شاعروں میں نمایاں مقام رکھتے ہیں۔ان کی شاعری کا سرمایہ قلیل ہے، پھر بھی وہ یکسر رد نہیں ہوئے بلکہ اردو غزل گوئی کی بعض روایتوں کے امین بن کر ابھرے۔یوں بھی ہوا کہ ترقی پسندی کے تقاضوں کے پیش نظران کے کلام میں کچھ گھن گرج کی کیفیت ملتی ہے لیکن وہ دال میں نمک کے برابر ہے۔

مجروح نے زندگی کا ایک بڑا حصہ فلمی دنیامیں بسر کیا۔اس طرح ان کی ساری تخلیقی قوت وہیں صرف ہوتی رہی۔ چونکہ مجروح غزل گوئی میں اپنے امتیازات سے ہٹنا نہیں چاہتے تھے اس لیے تخلیقی سطح پر خود پر پابندی لگار کھی تھی۔ لیکن تخلیقی قوت نے ایک دوسرا رخ اختیار کیااوہ رخ تھا فلمی گیتوں کو ایک اعتبار دینا۔اس میں وہ خاصے کامیاب بھی ہوئے۔

اس کتاب کے مصنف پروفیسر وہاب اشرفی ایک مشہور نقاد ہیں۔ان کی تصنیفات و تالیفات کی تعداد دو درجن سے زائد ہے، جن میں ''تاریخ ادبیات عالم''کی پانچ جلدیں بھی ہیں۔ تصنیف و تالیف کا سلسلہ آج بھی جاری ہے۔

پروفیسر اشرفی متعدد ممالک کے سفر کر چکے ہیں۔انھیں کئی انعامات و اعزازات سے بھی نوازا جاچکا ہے۔